짧고 굵게 읽는
러시아 역사

짧고 굵게 읽는
러시아 역사

마크 갈레오티_{Mark Galeotti} 지음

이상원 옮김

미래의창

러시아는 미래가 분명한 나라다.
다만 과거는 예측불가능하다.

- 소련 속담 -

+++ 일러두기 +++

이 책의 러시아어 인명 및 지명 고유 명사 표기는 문화체육관광부가 고시하여
2017년부터 시행되고 있는 한국어 어문규정 외래어표기법을 기본으로 하였다.
다만 규정에는 맞지 않지만 보다 일반적으로 받아들여지는 표기가 있는 경우
이에 따랐다. '차리'가 아닌 '차르'로 표기한 것이 그 예이다. 러시아어 외에도
다양한 언어의 고유 명사가 등장하는데 이 역시 마찬가지 방식으로 표기하였다.

머리말

러시아에서 가장 오래된 책은 하나의 목소리로 말하지 않는다. 으르렁거리다가 훌쩍이고 투덜거리다가 웃고 속삭이며 기도하다가는 떠들어대고 점차 조용해지기도 한다. 러시아에서 가장 오래된 도시 중 하나인 노브고로드(노브고로드 경卿 혹은 대大 노브고로드라 불리기도 했다)의 옛 지역을 발굴한 고고학자들이 2000년 7월, 밀랍 처리된 목판 세 개를 발견했다. 과거에 책 한 권으로 묶여 있었던 목판들이었다. 탄소 분석 등 연대 추정 기술을 동원한 결과 988년에서 1030년 사이의 것으로 밝혀졌다. 목판에는 시편 두 편이 새겨져 있었다. 이 목판은 수십 년에 걸쳐 사용되고 또 사용되기를 거듭한 것이었고, 앞서 새겨진 글의 내용은 간신히 식별이 가능했다. 러시아 언어학자 안드레이 잘리즈냐크Andrei Zaliznyak는 각고의 노력 끝에 층층이 새겨진 서로 다른 글들을 찾아냈다. '부모가 아들에게 주는 영적 지침'으로부터 요한계시록 시작 부분, 교회슬라브어(고대 슬라브 문어文語로 예배어와 문학어로 사용되었다 – 옮긴이) 알파벳 목록, 심지어는 '처녀성에 대하여'라는 글에 이르기까지.

정말이지 완벽하게 러시아에 어울리는 유물이었다.

다층적인 사람들

러시아는 자연적 경계도, 단일한 민족도, 중심이 되는 분명한 정체성도 없는 나라이다. 하지만 크기는 어마어마하다. 현재 러시아는 중심부에서 멀리 떨어져 있는 유럽의 요새 지역 칼리닌그라드에서부터 알래스카와 불과 82킬로미터 떨어진 베링 해협에 이르기까지 무려 11개 시간대에 걸친 영토를 가지고 있다. 접근 불가능한 지역도 많고 흩어져 살기 좋아하는 거주민 특성까지 고려한다면 중앙 통치를 유지하기가 왜 그렇게 어려웠는지, 중앙 통치의 상실이 권력자들에게 왜 그토록 두려운 일이었는지 이해할 수 있다. 은퇴한 어느 KGB 직원은 이렇게 말한다. "우리는 늘 도 아니면 모라고 생각했습니다. 국가를 손아귀에 단단히 거머쥐지 않으면 전부 산산이 흩어지고 말 거라고요." 그의 전임자들, 그러니까 차르의 신하들이나 중세 초기 귀족들도 아마 비슷한 생각을 했을 게다. 언론과 통신이 발전한 오늘날의 푸틴 각료들도 별반 다르지 않다.

러시아가 유럽과 아시아의 교차점에 위치한다는 건 모두에게 늘 '남'으로 여겨진다는 뜻이다. 유럽은 러시아를 아시아로, 반면 아시아는 러시아를 유럽으로 보았다. 러시아 역사는 '없음'으로 특징지어진다. 바이킹과 몽골, 십자군 독일 기사단과 폴란드인들, 나폴레옹의 프랑스, 히틀러의 독일 등 외침이 끊이지 않았다. 물리적인 공격이 없을 때에도 외부의 영향이 크게 작용했다. 문화 자본에서 기술 혁신까지 모든 것을 국경 밖에서 구했기 때문이다. 분명한 영토 경계가 없는 상황에 대한 러시아의 대응은 끊임없는 확장이었고, 이를 통해 새로운 민족, 문화, 종교 정체성이 덧붙여졌다.

러시아인들은 그 일상에서도 온갖 외부적 영향을 잘 드러내는 다층적 존재, 조각보 국민이다. 언어만 해도 그렇다. 기차역을 뜻하는 '보크잘'이라는 단어는 영국 런던 복스홀Vauxhall 역에서 왔다. 19세기 런던을 방문한 러시아 사절단이 감탄하며 구경한 후 '복스홀'이 '기차역'을 의미한다고 오해한 결과였다. 당시 러시아 귀족들은 프랑스어로 대화를 했으므로 기차의 침대칸과 짐 가방을 뜻하는 단어는 프랑스어를 그대로 옮긴 '쿠세트'와 '바가슈'로 정착되었다. 남부 항구도시 오데사Odessa에 가보면 거리들 이름이 이탈리아어로 되어 있다. 흑해의 교역 언어가 이탈리아어였던 시절이 남긴 자취이다. 반면 중국 국경 지대 도시 비로비Birobidzhan의 공용어는 유대인의 이디시어이다. 1930년대에 스탈린이 소련 유대인들을 그곳에 정착시켰기 때문이다. 카잔Kazan의 크렘린(중세의 성채 요새를 뜻하는 말로 러시아 옛 도시들 여러 곳에 남아 있다 – 옮긴이) 성벽 안에는 정교회 성당과 이슬람 모스크가 함께 서 있고 무속 신앙이 건재한 먼 북쪽 지역에서는 아직도 샤먼이 송유관에 축복을 내린다.

물론 세계 어디서든 정도의 차이가 있을 뿐 여러 종교, 문화, 정체성이 혼합되곤 한다. 영국에서 가장 사랑받는 음식이 카레고, 프랑스 학술원이 외국어의 영향에서 프랑스어를 수호하려는 승산 없는 싸움을 이어가며, 미국인 여덟 명 중 하나가 외국 태생인 시대에 이는 어쩌면 당연한 일이다. 하지만 러시아의 경우에는 놀라운 점이 세 가지가 있다. 첫째, 외부 영향을 역동적이고 유연하게 적용시키는 현상이 대단히 깊고 다양하게 일어난다는 것이고 둘째, 그 겹겹이 쌓인 층들이 독특한 문화를 만들어내는 방식이다. 어느 나라나 복합적 존재라고는 해도 구성 요소나 혼합 방식은 무척 다르기 마련이지 않은가. 세 번째로 놀라운 점은 이 과정에 대한 러시아의 반응이다.

뒤섞인 정체성을 인식한 (종종 과도하게 인식한) 러시아인들은 이를 부정하거나 과시하는 국가적 신화를 만들어내곤 했다. 오늘날 우리가 러시아라고 부르는 나라의 토대를 닦은 것도 그렇게 꾸며낸 이야기이다. 바이킹 침략자들에게 정복당하고 나서는 스스로 침략자를 불러들여 정복하게끔 했다고 바꿔버리는 식이다. 이런 신화의 흐름은 모스크바가 진정한 기독교 중심지인 '세 번째 로마'(첫 번째 로마가 야만인들에, 또한 두 번째 로마였던 비잔티움이 이슬람에 멸망한 이후)로 자처하는 것에서부터 현재의 푸틴 정부가 러시아는 전통적 사회 가치를 수호하고 미국 중심의 세계 질서에 맞선다고 애써 주장하는 데 이르기까지 면면히 이어지고 있다.

미래로 돌아가기

13세기에 러시아를 점령했던 몽골의 세력이 쇠퇴한 후 가장 충실한 부역자였던 모스크바 대공들은 자신들을 국가의 위대한 승리자로 재포장했다. 원하는 미래를 만들기 위해 정치적·문화적 신화와 상징을 정리하는 방식으로 과거를 편집한 것이다. 차르는 영광스러운 비잔티움의 상징물들을 도입했다. 다만 쌍두 독수리의 두 머리는 남쪽과 함께 서쪽도 바라보는 것으로 이해해야 한다. 여러 세기 동안 러시아와 서구의 복잡한 관계는 점점 더 중요해졌다. 때로 이는 새로운 가치와 아이디어를 받아들이는 것이었고 (유럽식으로 수염을 말끔히 밀어버리지 않으면 수염세를 부과한다고 했던 표트르 대제부터 독일과 영국을 염두에 두고 탄생한 칼 마르크스 이데올로기에 따라 만들어진 소비에트 사회에 이르기까지), 때로는 과거를 재정립

짧고 굵게 읽는 러시아 역사

하면서까지 서구 영향을 거부하겠다는 자의식 넘치는 결단이기도 했다(바이킹 침략자들로부터 나라가 시작되었다는 고고학적 증거를 싹다 무시한 것이 그 예이다). 그럼에도 정말로 서구를 무시해버리는 일은 결코 일어나지 않았다.

구미에 맞는 서구의 측면(아이폰, 누진세가 적용되지 않아 부담이 적은 런던의 펜트하우스, 법치주의)만 받아들이고 싶어하는 오늘날의 새로운 엘리트들은 국가와 민족 이미지를 역시 자신들의 구미에 맞춰 만들어내는 작업에 착수했다. 늘 성공적이지도, 모두가 만족하지도 않는 방향이긴 하지만 이들은 자신들이 세계에서 차지하는 위치보다는 세계가 자신들을 대우하는 방식에 더 많은 의문을 제기하고 있다. 블라디미르 푸틴의 부상, 그리고 열린 마음의 실용주의자였던 그가 2014년 크림 반도를 합병하고 우크라이나 남동쪽에서 예고 없는 무력갈등을 일으키는 민족주의 전쟁광으로 변모한 과정의 핵심도 바로 이것이다. 러시아는 역사를 다시 쓰는 일이 심심풀이 오락이 아닌 산업으로까지 자리 잡은 나라가 되었다. 전시회에 가보면 현재 정책의 기원을 중세로까지 거슬러 올라가 연결하는 그림이 걸려 있다. 마치 단일한 진보가 끊임 없이 이루어지기라도 했다는 듯 말이다. 서점의 서가에는 수정주의 역사 책들이 즐비하고 학교 교과서 역시 새로운 정설에 맞춰 다시 집 필되고 있다. 레닌 동상은 차르나 성인들 동상과 나란히 서 있다. 이들 각각이 꿈꾸었던 러시아의 모습 사이에 아무 모순도 없었다 는 듯이.

이 책의 중심 주제는 이 매력적이고 괴이한, 영광스러우면 서 결사적인, 극단적으로 잔혹하면서도 영웅적인 이 나라의 역사 탐구이다. 특히 두 가지의 상호 관련된 요소에 집중하려 한다. 하 나는 지속적인 외부의 영향이 러시아라는 다층적인 국가를 만들 어낸 과정이고 다른 하나는 러시아인들이 현재를 이해하고 미래 방향을 잡기 위해 문화적 재건을 거듭하고 과거를 다시 써내려간 과정이다. 그리고 이것이 러시아를 만들어나가는 영원한 프로젝 트 뿐 아니라 러시아가 세계와 맺는 관계에 또다시 어떻게 작용 했는지 살피려 한다. 이 책은 전문가를 대상으로 했다기보다는 러 시아라는 나라, 한 때 낡은 제국의 무질서한 잔해로 치부되던, 그 러면서도 서구에 존재적 위협을 가한다고 여겨지던 이 나라에 관 심 있는 모두를 위해 쓰였다.

사건과 영욕으로 점철된 천년 세월을 책 한 권으로 압축하면서 어쩔 수 없이 과감한 붓질을 해야 했다. 각 장 말미에 '더 읽어볼 자료'를 제시해두었다. 균형을 잡는 데 도움이 될 만한 보다 학술적인 자료들이다. 이 책의 목표는 모든 세부 사항을 다 다루는 것이 아니다. 개성 넘치는 이 나라의 주기적인 부상과 몰락을 살피는 것, 그리고 러시아인들이 자신들의 이야기를 이해하고 설명하고 신화화하고 다시 쓰는 방식을 소개하는 것이 목표이다.

더 읽어볼 자료

러시아의 천년 역사를 개관하면서 남달리 우아하게 혹은 개성적으로 접근한 멋진 책들이 무척 많다. 여기서는 몇 권만 소개하겠다. 제프리 호스킹Geoffrey Hosking의 《Russian History: A Very Short Introduction》(옥스퍼드 대학 출판사, 2012)은 제목에 정확히 부합하는 책이다. 학자가 아닌 신문기자의 시선이 담긴 마틴 식스미스Martin Sixsmith의 《Russia: A 1,000-Year Chronicle of the Wild East》(BBC, 2012)는 흥미진진한 개관을 보여준다. 올랜도 파이지스Orlando Figes의 《Natasha's Dance: A Cultural History of Russia》(펭귄, 2003)는 최근 200년 역사를 주로 다루지만 그럼에도 역작이다. 줄줄 이어지는 글보다 그림 한 장이 더 와 닿는 법이라면 지도도 유용하다. 마틴 길버트Martin Gilbert의 《Routledge Atlas of Russian History》(루틀리지, 2007)는 아주 충실한 지도책이다. 역사가 벽돌이나 석조 공간에서 전개된다는 점을 고려한다면 모스크바 크렘린을 러시아 역사의 핵심 요소로 본 캐서린 메리데일Catherine Merridale의 《Red Fortress: The Secret Heart of Russia's History》(펭귄, 2014)도 읽어보길 권한다.

목 차

1

우리를 통치해줄 사람을
찾아봅시다

류리크를 불러들인 슬라브 민족들

✕ ✕ ✕

빅토르 바스네초프의 1909년 작 〈라도가에 도착한 류리크〉

류리크Ryurik 공이 라도가Ladoga 호숫가에 도착하는 모습을 그린 빅토르 바스네초프Viktor Vasnetsov의 그림은 고전으로 인 정받는 작품이다. 12세기 당시를 기록한 유일한 문헌인《원초연 대기Primary Chronicle》는 스칸디나비아 바이킹(원문에서는 이들을 '바랑 기아인들Varangians'이라고 표기하고 러시아어로는 '바랴그'라는 명칭이 있 다. 이 책에서는 우리에게 더욱 익숙한 바이킹으로 통일한다 – 옮긴이)을 몰 아내기 위해 슬라브 민족들이 수차례 전투를 벌였다고 설명한다. 하지만 추드Chud, 메리아Meria, 라디미크Radimich, 크리비크Krivich

등 무수히 많은 토착 부족들의 자치 시도는 또 다른 전쟁으로 귀결될 뿐이었다. 법과 서열, 영토에 대한 합의를 이루지 못한 이들은 바이킹에게 가서 통치자를 청했다. "저희 땅은 드넓고 비옥합니다만 질서가 없습니다. 와서 우리를 통치해주십시오."

그리하여 류리크(862?-879)의 통치가 시작되었다. 류리크 왕조는 17세기까지 러시아를 지배했다. 바스네초프의 그림을 보면 용 머리가 특징적인 바이킹 배를 타고 온 류리크가 형제와 수행원들을 이끌고 라도가 호숫가에 내려선 모습이 묘사되어 있다. 손에 든 도끼는 그가 전사공후warrior-prince라는 것을 강조한다. 새로 지배를 받게 된 슬라브족 대표단이 예의를 갖추고 이들을 환영한다.

이 그림은 바이킹의 뾰족한 투구며 슬라브족의 옷에 놓인 전통적 자수에 이르기까지 매우 구체적으로 충실하게 당시를 재현한다. 새로운 지배자에게 새로운 신민들이 공물을 바치는 장면도 상징적으로 표현했다. 하지만 동시에 이는 명백한, 매우 명백한 거짓이기도 하다.

류리크 왕조의 시작

류리크는 도레스타드의 로릭Rorik of Dorestad, 즉 프랑크 왕국의 루도비쿠스 경건왕Louis the Pious에게 미움을 사서 860년에 추방된 덴마크의 야심가로 추정된다. 류리크의 도착 시기(860-862)가 서구 연대기에서 그가 사라진 시기와 딱 들어맞기 때문이다. 스칸디나비아의 침략자 겸 상인들은 오래전부터 슬라브 땅을 알고 있었다. 멀리 남쪽의 미클라가르드Miklagarðr('위대한 도시'라는 뜻으로 동로마 제국의 수도 비잔티움, 오늘날의 이스탄불을 말한다)로 향하는 새 교역로를 찾아야 했기 때문이다. 비잔틴 황제의 뛰어난 근위대도 스칸디나비아 출신 바이킹 용병들이었다.

고향을 떠나야 했던 도레스타드의 로릭이 슬라브 지역을 새로운 공국으로 삼으려 했으리라는 점은 쉽게 짐작 가능하다. 그는 우선 라도가에 성채를 지어 정착했고 내륙의 교역 거점을 차지해 홀름가르드Holmgarðr라는 이름을 붙였다. 이곳이 바로 고대 러시아의 중심지 중 하나인 노브고로드('새로운 도시'라는 뜻)가 된다. 하지만 그가 슬라브인들의 초청을 받았다는 증거는 나온 적 없다.

류리크의 여정은 스칸디나비아인들이 남쪽과 동쪽으로 이주한 큰 흐름의 일부일 뿐이었다. 이들은 상인이었지만 적대적인 땅을 침략하는 모습을 더 많이 보였다. 토착 주민들뿐 아니라 자신들끼리도 야만적인 경쟁 관계였다. 10세기 아랍 연대기 작가인 이븐 루스타Ibn Rusta가 훗날 기록한 바에 따르면 이민족, 그리고 동족들을 얼마나 믿지 못했는지 한 사람이 집밖으로 나서려면 무장한 사람 세 명은 동반해야 할 정도였다고 한다. 이렇게 위험하긴 해도 그 땅은 외면하기 어려울 정도로 매력적이었다.

남쪽과 동쪽으로는 완만한 초지가 펼쳐져 있었다. 다양한 투르크 부족들, 유목민들, 그리고 유목민 출신인 불가르Bulgar족과 하자르Khazar족이 차지한 땅이었다. 이들은 이웃한 슬라브 족들, 예를 들어 남쪽 키예프 인근에 사는 폴랴네Polyane('평야의 사람들'이라는 뜻)족에게 공물을 요구했지만 그 땅을 정복하지는 않았다. 남서쪽으로 더 내려가면 슬라브인들이 차르그라드Tsargrad, 즉 '황제도시'라 부른 콘스탄티노플이 나왔다. 교역 거점이 흑해까지 이르긴 하였으나 콘스탄티노플에는 북쪽을 차지하려는 야심도, 군대도, 이해관계도 없었다. 서쪽에는 마자르족, 그리고 보헤미안 같은 서 슬라브 민족들이 나름의 국가를 형성해가는 중이었는데 독일인의 지배가 점점 강해졌다.

간략히 말해 이곳은 수많은 민족들이 작은 정착지들을 이룬 땅이었으나(스칸디나비아인들은 이를 '탑들의 땅'이라는 뜻의 가르다리키Gardariki라 불렀다) 왕은 존재하지 않았다. 넓고 유속이 빠른 강들, 대표적으로 드비나, 드네프르, 볼가, 돈강 등은 바이킹들이 날렵한 배를 타고 습격이나 교역에 나서는 수상 고속도로 역할을 했다. 이런 배들은 서로 바짝 붙은 채 내륙 깊숙이까지 들어갈 수 있었다. 예를 들면 류리크가 그랬듯 네바강을 따라 핀란드만에서 라도가 호수까지 항해했다가 이어서 유럽 최장을 자랑하는 볼가강

시작점까지 갈 수 있었다. 이후 불과 5-10킬로미터의 육로만 거치고 나면 다시금 배를 띄워 남쪽의 카스피아해까지 이동하는 것도 가능했다. 강을 따라 펼쳐진 땅에는 목재와 호박석, 모피와 꿀, 그리고 무엇보다도 수지맞는 교역품인 노예가 존재했다. 더 중요한 점은 콘스탄티노플로, 실크의 땅인 동쪽 이슬람 지역으로 바로 연결되는 교역로가 확보된다는 것이었다. 스칸디나비아인들은 북쪽과 서쪽 민족들에게 각종 물품과 은을 공물로 받아냈다. 이는 곳곳에서 봉기가 일어나 사람들이 통나무 성채를 버리고 떠나게 되는 860년까지 이어졌다. 하지만 이들이 멀리 고향으로까지 되돌아갔으리라 볼 수 있는 근거는 희박하다.

류리크가 노브고로드에 정착할 즈음 아스콜드Askold와 디르Dir라는 바이킹 모험가 두 사람이 부하들을 이끌고 남서쪽 슬라브 도시인 키예프Kiev를 점령했다. 이곳을 근거지로 삼아 콘스탄티노플을 공격한다는 야심찬 계획은 결국 실패로 끝났다. 이보다 반세기쯤 앞서 남쪽의 흑해변을 약탈한 스칸디나비아 출신 모험가들도 이미 시도했던 일이었다. 슬라브인들은 이들 바이킹 정복자들을 '루시'라 불렀고(스웨덴 인을 뜻하는 핀란드어 단어 '루오치Ruotsi'에서 나온 것 같다), 그렇게 루시의 땅이 탄생했다.

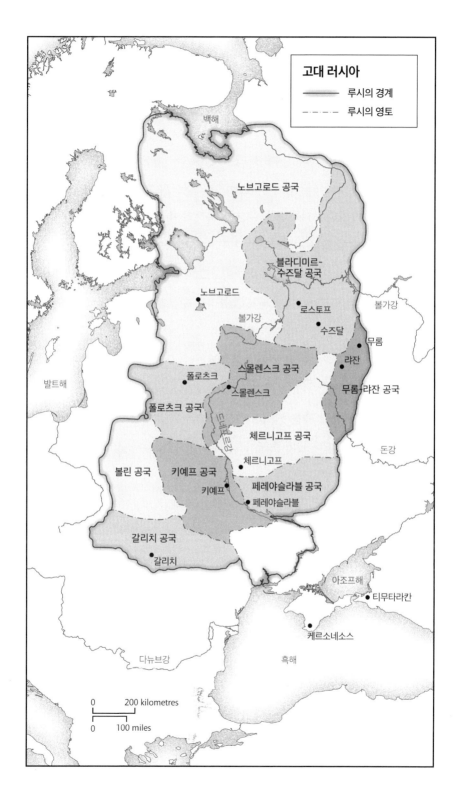

키예프 루시

류리크의 후계자는 군사령관이자 류리크의 어린 아들 이고르를 대신한 섭정인 올레그(재위 879-912)였다. 올레그는 전술이 뛰어난 만큼이나 무자비한 성향의 인물로 아스콜드와 디르를 다 죽이고 882년 키예프를 차지했다. 수도도 북쪽의 추운 노브고로드를 떠나 키예프로 옮겼다. 키예프는 이후 수세기 동안 루시의 지배적인 도시였다. 912년 류리크의 아들 이고르(재위 912-945)가 키예프 공으로 친정을 시작하면서 진정한 류리크 왕조가 탄생했다. 시간이 흐르면서 스칸디나비아 루시인들과 슬라브를 비롯한 신민들은 결혼으로 피가 섞이고 문화도 혼합되었다. 토속적 신앙에서 겹치는 부분이 많았던 것이 특히 도움이 되었다. 예를 들어 슬라브족이 믿는 번개신 페룬은 스칸디나비아인들의 토르와 아주 비슷했다. 큰 강을 따라 늘어선 도시들, 작은 마을들, 교역 거점이 되는 요새들이 합쳐지면서 새로운 국가기 탄생했다.

정복, 교역, 정착, 그리고 연합을 통해 키에프의 세력은 계속 성장했다. 콘스탄티노플과 인근 지역을 공격하려는 시도는 번번히 실패했지만 키예프는 907년과 911년에 조약을 맺는 데 성공했다. 이는 세계 최강의 도시 국가 콘스탄티노플이 신생 키예프를 동등한 수준까지는 아니더라도 존중할 만한 존재로 여긴다는 의미였다. 세베랴네Severiane와 데레블랴네Derevliane 같은 슬라브 부족들도 키예프 치하에 들어왔다. 물론 대가를 치러야 했다. 이고르는 데레블랴네와의 전투에서 사망했고, 그의 부인 올가는 피비린내 나는 복수를 감행했다.

키예프인들에게 위협 요소가 없었던 것은 아니었다. 이들이 정복자이자 해적이고 상인일 수 밖에 없었던 이유는 그들의 탐욕뿐 아니라 필요 때문이기도 했다. 남쪽에서는 새로운 유목민 세력인 페체네그Pecheneg인들이 세를 확장했다.《원초 연대기》에 따르면 915년부터 이들의 공격이 특히 드네프르강 급류 지점에서 잦아졌다고 한다. 이 강은 루시의 중심 교역로로서 부의 원천이었다. 그런데 페체네그인들이 강 계곡을 여름 목초지 겸 사냥터로 삼은 것이다. 키예프 남동쪽으로 화강암 봉우리 아홉 개가 강을 가로지르며 뻗어 있었는데 봄철이면 눈 녹은 물이 내려와 물이 불어 안전했다. 그 시기를 제외하고는 배가 강바닥에 부딪혀 부서질 위험이 컸으므로 배를 끌어올려 육상으로 이동해야 했다. 당시 키예프는 페체네그인들의 세를 이기지 못했고, 급류 지점 공격을 막으러 나선 스뱌토슬라브(재위 945-972) 공이 죽임을 당해 그 두개골이 페체네그인들의 술잔이 되어버리기도 했다. 키예프인들이 슬라브 부족과 이웃 부족들에게 보호세를 걷는 것처럼 키예프인들도 페체네그인들에게 정기적으로 돈을 지불해야 했다.

스뱌토슬라프는 거만할 정도로 자신감 넘치던 전사였다. 하지만 그 장남 야로폴크는 형제들을 제거해야 할 정도로 지위가 불안했다. 그는 동생 올레그를 죽였고(올레그가 먼저 공격했을 가능성도 있다), 또 다른 동생 블라디미르를 노브고로드 요새에서 쫓아냈다. 그러나 980년, 바이킹 용병들을 이끌고 돌아온 블라디미르 손에 죽임을 당하고 만다. 그렇게 공후 자리에 오른 블라디미르는 러시아 역사의 모습을 바꿔나가기 시작했다.

블라디미르 대공

블라디미르(재위 980-1015)는 제국을 건설할만한 능력이 충분했다. 아버지 스뱌토슬라프가 거친 전투와 습격을 일삼고 차르그라드, 즉 콘스탄티노플 공격과 약탈을 다짐했던 반면 블라디미르는 계획적으로 움직이는 정치인이었고, 바이킹이라는 뿌리를 넘어서고자 했다. 그는 페체네그를 비롯한 여러 부족과 전투를 벌이며 영토를 넓혔고, 볼가 불가르Volga Bulgar의 땅도 빼앗았다. 그리고 뱀처럼 구불구불한 방벽을 쌓아 키예프를 남쪽으로부터 방어했다. 11세기에 완성된 방벽은 백 킬로미터에 달했다. 벨고로드Belgorod와 페레야슬라블Pereyaslavl에 새로운 도시가 조성됐고, 드네프르강을 따라 요새 항구들이 생겨났다. 이 요새들은 페체네그인들이 강변을 벗어나지 못하도록 막기 위함이었다. 전통적인 나무 방벽은 콘스탄티노플에서 온 건축가들 덕분에 불에 타지 않는 벽돌 방벽으로 바뀌었다.

콘스탄티노플에서 신기술을 수입할 수밖에 없다는 점은 블라디미르가 기독교로 개종을 하는 데 결정적인 역할을 했다. 루시의 귀족과 주민들도 모두 이를 따르게 했다. 집권 초기에는 블라디미르의 신심이 거의 드러나지 않았다. 키예프 언덕에 이교 사원을 세워 도시를 내려다보는 거대한 목재 우상을 만들게 했고, 기독교도들을 대상으로 자주 발생하는 집단 폭력도 방관하는 모습을 보였기 때문이다. 하지만 988년이 되자 모든 우상을 허물게 하고 키예프 전 주민을 드네프르강에 이끌고 가 세례를 받게 했다.(그럼에도 기독교와 이교는 수세기 동안 공존했고, 기독교는 느린 속도로 이교를 대체해 나갔다.) 신앙과 국가 권력 사이의 긴밀한 관계는 이렇게 시작되어 오늘날까지 러시아를 특징짓고 있다.

블라디미르는 왜 이러한 결정을 내렸을까? 전해 내려오는 말에 따르면 블라디미르는 당대의 주요 종교들을 평가하기 위해 사방에 사절단을 보냈다고 한다. 유대교는 유대인들이 고향에서 쫓겨났다는 사실을 볼 때 신이 그 편이 아닌 것 같다는 이유로 탈락했다. 로마 가톨릭은 키예프 대공이 교황의 권위에 복종할 수 없으므로 거부됐다. 알코올을 금지하는 이슬람교는 "술은 전 루시의 즐거움이며 음주의 기쁨 없이는 살 수 없다"고 했다는 블라디미르에게 맞지 않았다.(술을 좋아하는 러시아인이라는 고정관념에는 오랜 역사가 존재하는 셈이다.) 결국 블라디미르의 마음을 사로잡은 것은 비잔틴 정교였다. 사절단은 하기야 소피아 대성당의 돔 지붕 아래에서 거행된 미사의 아름다움을 극찬했다. "자신들이 있는 곳이 천국인지 땅인지 알 수 없을 정도였으며 어떻게도 표현하지 못할 정도의 아름다움이었고, 그저 신이 사람들 틈에 계시다는 것, 그리고 다른 어느 나라의 예식보다도 성스러웠다는 것만은 분명했다"고 설명했다.

뭐, 정말로 그랬을 수도 있다. 멋진 이야기지만 진실은 보다 복잡하고 현실적이다. 당시 그리스 정교는 루시에서, 특히 귀족과 족장들 사이에 이미 널리 퍼져 있었다. 러시아 전역에서 표준으로 사용하게 되는 키릴문자 또한 그리스에 뿌리를 두고 있었다. 9세기의 비잔틴 선교사들이었던 키릴Cyril과 메소디우스Methodius가 슬라브 언어에 적합하도록 수정한 문자였던 것이다. 블라디미르의 할머니 올가(945-960 섭정)도 기독교 세례를 받았지만 그의 삶은 한쪽 뺨을 맞으면 다른 뺨도 내밀라는 말씀과 거리가 멀었다. 남편 이고르의 죽음에 복수하기 위해 데레블랴네 사절단을 산 채로 파묻고 불태워버린 사례를 보면 알 수 있다. 다른 한편, 키예프를 마비시키다시피 했던 종교 폭동은 이교도와 기독교도 사이의 긴장을 더 이상 무시하기 어렵게 만들었다. 비잔틴 정교는 멀리 떨어진 종교 지도자에 대한 복종을 요구하지 않으면서도 콘스탄티노플과의 친밀한 관계를 약속했다. 당시 블라디미르가 크림반도의 케르소네소스를 점령해 이미 비잔틴 영토로 들어가는 길을 확보한 상태였다는 자료도 있다. 또한 아랍 쪽 기록을 보면 그리스인들이 내전을 벌이는 상태였고, 황제 바실리오스 2세에게 동맹국이 절실했다고 나온다. 블라디미르로서는 나약해진 비잔틴과 손잡아 역동적인 동맹 관계를 모색할 수 있었다. 그의 목표는 황제의 누이 안나와 결혼하는 것이었다. 이를 위해 치러야 할 대가는 군사적 지원, 그리고 기독교 도입뿐이었다.

거래가 성사되어 블라디미르는 케르소네소스에서 세례를 받았다. 훗날 12사도와 동급인 성스러운 블라디미르 대공이라는 명칭까지 얻게 되지만 실상 그의 신심은 야심찬 국정 운영의 도구에 불과했다. 그는 루시의 최강자로 지위를 확고히 했고 가장 강한 이웃이자 부유한 교역 상대와 긴밀한 관계를 맺었다.

과거 추방당한 경험이 있는 블라디미르는 동맹을 통해 미래의 추방 사태에 대비책을 만들고 싶었는지도 모른다. 어떻든 그는 거의 30년 세월 동안 통치를 이어갔다. 키예프의 영토는 계속 팽창했고, 그렇게 넓어지는 국가 통치의 어려움을 걱정한 블라디미르는 아들들을 여러 도시의 대공으로 임명했다. 공물은 계속해서 키예프로 흘러들어왔다. 하지만 당시에는 길이 거의 닦여 있지 않왔고, 강은 남북 직선 이동의 통로만 제공했다. 더불어 도시 사이에는 울창한 숲이 자리 잡고 있었기 때문에 여러 지역에 대한 영향력은 약해질 수밖에 없었다. 이런 관계로 키예프 대공이 각 도시의 일상적 통치를 감독하기는 불가능했다. 더불어 지역의 공후들에게는 나름의 무장 호위대와 측근, 그리고 나름의 이해관계와 우선순위가 있었다. 영토 경계에 외적이 침입해 도움이 필요한 경우가 아니라면 군이 키예프에 신경을 써야 할 필요가 어디 있다는 말인가?

이 상황을 처음 시험해본 인물이 현자 야로슬라프Yaroslav the Wise였다. 1014년, 아버지 블라디미르에게 보내던 공물을 중단한 것이다. 블라디미르는 세력을 과시하기 위해 군대를 동원하기 시작했지만 이미 병든 상태였고 처벌 원정을 나서지도 못한 채 다음 해에 죽었다. 이후 피비린내 나는 다툼이 벌어졌고, 경쟁자 중 한 명은 당시 부상하던 세력인 폴란드에 주목했다. 야로슬라프의 만형 스뱌토폴크였다. 그는 장인인 폴란드 볼레스와프Polish Count Bolesław 백작의 부추김 탓이었는지 이미 아버지에게 배신 행위를 한 상태였다. 형제가 권력 투쟁을 벌이면서 이후 몇 해 동안 키예프는 스뱌토폴크 손에 들어갔다가 야로슬라프에게 넘어가다가 했다. 야로슬라프는 바이킹 전사들을, 스뱌토폴크는 페체네그인들과 폴란드인들을 동원했다. 야로슬라프가 승리를 거두긴 했지만 가족 간 유혈 싸움이라는 위험한 선례가 역사에 새겨지고 말았다. 조카인 폴로츠크의 브랴체슬라프는 번성하는 노브고로드 시장市場을 탐냈고, 그의 형제 므스티슬라프는 남쪽의 체르니고프Chernigov와 티무타라칸Tmutarakan에서 키예프를 향해 진군했다. 1036년에 이르러서야 야로슬라프(재위 1034-1054)는 모든 경쟁자를 물리치고 키예프 대공이자 노브고로드 공으로서 루시 전체의 통치자로 우뚝 섰다.

큰 승리였다. 하지만 높은 자리가 다 그렇듯 남은 것은 내리막뿐이었다.

분열의 반복

어렵게 이루어낸 야로슬라프 통치는 모순적인 성공이었다. 그는 볼레스와프 백작이 차지했던 땅을 되찾고 현재의 에스토니아 영토를 정복했으며 키예프를 차지했던 페체네그인들을 몰아냈다. 1043년, 콘스탄티노플에 대한 해상 공격은 실패로 돌아갔지만 그럼에도 새로운 조약을 맺었고, 아들 프세볼로드를 비잔틴 공주(비잔틴 공주라는 자원은 무한 공급되는 듯 보인다)와 결혼시켰다. 평화와 교역, 풍성한 수확의 시대였다. 콘스탄티노플과 아랍권, 북유럽에서 은이 흘러들어왔다. 러시아의 도시들은 번성했고 시장은 성장했으며 정착민이 늘어나면서 나무 방벽은 바깥쪽으로 계속 옮겨졌다. 흰 벽에 황금 돔 지붕이 올라간 성 소피아 성당이 키예프에 지어졌고, 다른 도시들도 신심을 보여주는 성당 건축에 착수했다.

이 모두가 키예프에게는 성장과 축복이었다. 야로슬라프 대공이 거둬들일 수 있는 공물도 늘어났다. 하지만 그 안에는 정치적 분열의 씨앗도 뿌려져 있었다. 루시의 땅은 가부장 가족의 소유로 여겨졌다. 대공은 아들들을 공후로, 그리고 믿을 만한 부하들을 포사드닉posadnik이라는 통치자로 임명해 각 지역에 내려 보냈다. 공후들은 기회와 필요에 따라 옮겨 다니기도 했다. 야로슬라프가 1010년 로스토프Rostov에서 노브고로드로 옮겨갔고 형 뱌체슬라프가 죽은 후에는 동생 보리스가 형의 도시를 차지했던 것처럼 말이다.

지역 통치자인 공후들의 권위는 키예프 대공에게서 나왔고, 군사력도 제한되었다. 개인 신하이자 군인인 드루지나druzhina를 거느리긴 했지만 그 수는 기껏해야 몇 백 명 수준으로 세금을 걷거나 통치자 호위만 가능할 뿐 전쟁은 벌일 수 없었다. 물론 드루지나 외에 (비용과 위험부담을 감수하고) 해외 용병을 고용하거나 주민들에게 추가 세금을 걷는 방법이 있긴 했다. 그러려면 시기를 잘 살펴야 했고 (모두들 정신 없이 바쁜 농작물 수확기가 적절하지 않았을까?) 통치자로서 얼마나 인기가 높은지도 중요했다.

지위 계승 절차는 분명하게 확립되지 않은 상태였다. 블라디미르 사후, 그리고 1054년 야로슬라프 사후 벌어진 형제간 싸움이 이를 보여준다. 대공의 자리는 맏아들에게 가야 하는가, 아니면 맏형에게 가야 하는가? 11세기 후반부는 이 문제로 인한 주기적인 내전, 그리고 무자비한 충돌로 점철되었다. 갈등은 일부만 해결되고 불씨로 남았다가 다시 점화되곤 했다. 부분적으로 이는 각 도시와 인근 지역들이 더 강력하고 부유해졌기 때문이었다. 공후가 개인적 전쟁을 벌일 수 있을 만큼 재원이 확보된 것이다. 주민들은 민회 베체veche를 통해 목소리도 낼 수 있었다. 이론적으로 보면 베체는 남성 자유 시민들이 모두 의견을 낼 수 있는 공간이었지만 실제로는 부유하고 권력 있는 자들의 도구로 기능했다. 다음 장에서 다루게 될 노브고로드의 경우, 발틱해의 교역 중심지가 되면서 베체의 힘이 특히 강력해져 통치자 포사드닉을 선출하기에 이르렀다. 다른 지역에서도 주민들이 나름의 정치 세력을 형성하기 시작했다. 예를 들어 1113년, 키예프 주민들은 페레야슬라블의 블라디미르 모노마흐(재위 1113-1125)에게 대공이 되어달라고 요구해 뜻을 이루기도 했다. 볼리냐의 야로슬라프가 대공을 맡기로 공후들 사이의 합의가 이루어진 후였음에도 말이다. 모노마흐는 주저했지만 "어서 키예프로 오셔서 대공이 되어 주십시오. 안 오시면 많은 화가 닥칠 것입니다"라는 말과 함께 지역

유대인 대학살부터 처제에 대한 공격까지 여러 위협을 받은 끝에 승낙했다.

바로 여기에 역설이 있다. 12세기 동안 키예프 통치와 키예프 대공이라는 지위는 점점 더 탐나고 지속적으로 다툼이 일어나는 대상이 되었다. 신임 대공은 경쟁자들을 물리쳐야 했고, 여러 혈통들이 권력과 권리를 지키고자 싸웠다. 하지만 이와 동시에 루시는 정치적으로 분열되어 공국들의 연합 형태가 되었다. 시대에 따라 일부 공국은 반쯤 독립한 상태가 되기도 했고, 다른 공국들은 키예프와 극도로 긴밀한 관계를 맺곤 했다. 물론 루시라는 한 공동체의 일원이라는 점은 분명했고 키예프는 차지하고 싶은 땅인 동시에 문화, 신앙, 정체성의 중심이었다. 하지만 공후들은 자신이 키예프 대공의 신하라고 생각하지 않았고 나름의 정책을 자유롭게 펼치고자 했다. 이는 유목민들의 침략에 함께 맞서기 위해 모인 1097년의 뤼베크Lyubech 회의에서 공식화되었다. 공후들이 도시를 옮겨 다니던 낡은 체계를 끝내고 혈통 안에서 권력을 승계하도록, 영토는 상속으로 분할되도록 결정된 것이다. 이렇게 러시아 봉건제가 탄생했다. 비록 규칙이 계속 깨지고 조정됐지만 말이다.

이리하여 키예프는 다양한 문명과 정치 체제의 교차점에서 교역과 정복으로 만들어진 영토의 수도로서 성장했다. 13세기 초에 이르면 여러모로 키예프가 품은 야망이 능력을 앞서가기도 했다. 도시는 부유하고 존중 받았다. 유리세공에서 보석 생산에 이르는 공업의 중심지였고, 러시아 정교회의 본산으로 야심찬 공후들이 탐내는 곳이었다. 그렇지만 권력은 조금씩 보이지 않게 새어나가는 중이었다. 고고학적 증거로 보면 주기적인 계승 갈등에도 불구하고 러시아는 계속 번영하는 중이었다. 키예프는 자주 약탈당했으나 신속하게 복구되어 재기했다. 노브고로드인들은 발트해를 무대로 한 교역 상인들의 중심 거점으로 성장했고, 북부 시베리아로 가는 새로운 교역로를 개척하느라 바빴다. 블라디미르-수즈달 공국은 불가르 영토까지 확대되었다. 새로 부상한 유목민 세력인 쿠만과 킵차크(러시아인들은 이들을 합쳐 폴로베츠Polovets인이라 불렀다)도 그럭저럭 해결해냈다. 폴로베츠인들은 1055년에 처음 등장해 1061년에는 루시의 땅을 공격했다. 1093년에는 블라디미르 모노마흐가 이끈 군대를 물리치기도 했지만 결국에는 패하고 쫓겨났다. 이후에도 습격이 이어지고 1096년에는 키예프의 동굴 사원이 약탈당하는 일까지 벌어졌지만 그럼에도 궁극적인 존재 위협은 되지 못했다. 일부 폴로베츠 부족들은 키예프를 섬기게 되기까지 했다.

당시 러시아인들은 모르고 있었지만 폴로베츠인들을 내몬 서쪽 뒤로는 새로운 유목 세력, 훨씬 더 위험하고 거대한 존재가 있었다. 몽골인들이 다가오는 중이었다. 분열된 채 각자의 이익에 만 골몰한 루시 공후들은 상황을 제대로 파악하지 못했다.

노르만주의Normanism 논란

고대 루시의 피로 물든 권력 싸움은 오늘날과 거의 관련이 없어 보일 수 있다. 하지만 어느 러시아 역사서든 시작점을 여기로 잡는 데는 연대기적 이유뿐 아니라 당시와 오늘날 사이에 직접적이고 때로는 혈통으로 연결되는 선을 그을 수 있다는 이유도 있다. 취약성을 기본 요소로 하는 이 역사는 나약함의 이야기가 아닌, 정복을 당하더라도 거기서 새로운 무언가를 창조하는 이야기다. 세상에 대한, 그리고 세상 속 자기 위치에 대한 러시아의 기본 인식은 상당수가 류리크와 블라디미르, 야로슬라프와 그 후손들 시대까지 거슬러 올라가는 것이다.

첫째, 중심부와 주변부 사이의 지속적인 갈등이 있다. 이는 영토가 확장되는 상황이라면 심지어 오늘날의 정보통신 시대에서도 피할 수 없는 문제다. 수많은 공국들의 연합과 분열, 경쟁, 중심부로의 결속 혹은 관계 단절의 과정은 러시아의 토대가 되었다. 둘째, 러시아는 강력한 패권국들에 둘러싸인 운명을 영원히 벗어나지 못한 채 위협과 영향을 함께 받았다. 패권국의 문화, 기술, 군사, 경제적 힘에 저항하는 동시에 모방했다. 물론 이는 유럽과 아시아, 북쪽과 남쪽의 교차지점에 놓인 나라가 늘 겪는 일이라 할 수도 있다. 더욱이 번성하는 교역로에 위치해 부와 더불어 아이디어가 자유롭게 흘러 다니고 신흥제국 누구든 탐내는 곳이라면 말이다.

루시 북쪽으로는 힘 센 바이킹인들이 새로운 통치계급을 제공하는 동시에 지속적인 위협을 가했다. 남쪽에는 기동력과 흉포함으로 러시아를 공격하는 페체네그인들이 있었는데 러시아인들은 이를 간신히 저지했을 뿐 결정적인 승리를 거두지 못했다. 남쪽으로 더 내려가면 문화 중심지이자 교역 강국인 콘스탄티노플, 키예프가 '루시의 차르그라드'가 되겠다며 이상으로 삼던 곳이 나왔다. 서쪽에는 독일이나 폴란드 같은 신흥 강자들이 있었는데 이미 러시아 국경 지역을 침범하고 권력 승계 과정에 개입하기 시작하고 있었다.

지나간 이 역사는 오늘날의 러시아에 여전히 생생하게 살아 있다. 블라디미르 푸틴은 "조국의 천년 역사와 우리는 분리될 수 없는 한 몸이라는 인식이 필요하다"고 천명했다. 러시아인들은 조국의 과거를 다룬 영화와 책을 열광적으로 소비한다. 중세 전사들이 요새의 목책 방벽 앞에서 가상 난투극을 벌이는 행사, 멋진 군복을 맞춰 입은 보병과 경기병들이 나폴레옹 전쟁을 재현하는 행사가 큰 호응 속에 열린다. 이는 소련 치하의 경직된 관점에서 벗어나 이야기를 새로 구성해보는 측면도 있지만 원하는 방향으로 과거를 끌고 가려는 국가가 나서서 독려하는 일이기도 하다. "과거를 통제하는 자가 미래를 통제한다"는 조지 오웰의 말을 그대로 적용하는 것은 무리라 해도 어떻게든 크렘린이 이런 방향을 시도하고 있다는 건 분명해 보인다.

블라디미르 푸틴의 세계관에서 러시아는 늘 사방이 포위된 땅이다. 현대에 들어 콘스탄티노플 역할을 맡은 존재는 아마 중국일 것이다. 한때 두려움과 질투, 탐욕의 대상이었지만 이제는 동맹해야만 하는, 그리하여 거만하고 타락한 적수인 서방, 그리고 남쪽에 위치한 불안정한 이슬람을 함께 손 잡고 대적해야 하는 존재 말이다. "18-20세기에 이루어진 서방의 악명 높은 견제 정책은 오늘날까지 이어지고 있으며 독립적인 위치를 고수하는 우리 러시아를 계속 구석에 몰아넣으려 한다"고 한 2014년의 발언이 보여주듯 푸틴은 역사와 현재를 계속 연결시킨다.

러시아가 내부 분열로 약해지는 순간 외부 세력의 먹잇감이 되고 만다는 새로운 표준 해석은 통합을 강조하고 반대파를 매국노로 묘사하는 정부에게 분명 유리하게 작용한다. 실제로 푸틴은 외부 세계가 분리주의자, 반정부 운동가, 기타 정적들과 손을 잡고 분열과 취약함을 조장한다는 이미지를 퍼뜨리는 데 적극적이다. "그들은 러시아가 유고슬라비아처럼 분열 축소되기를 기다리고 있다"는 식이다.

역사는 지정학의 안내서다. 키예프 대공이 공후들의 도움에 의지할 수 없었던 탓에 페체네그인들은 드네프르 교역로를 공격할 수 있었다. 키예프가 강력해져 그리스인들로부터 동등한 상대로 인정받았을 때에야 국경이 안전해졌다. 블라디미르 대공 사후 벌어진 후계 싸움으로 결속성이 무너지자 바이킹, 페체네그, 폴란드 등이 러시아 정치에 관여했다. 그 결과 키예프가 약탈당하고 서쪽 지역은 폴란드인들에게 넘어갔다. 유목민을 상대로 한 12세기의 군사 원정을 그린 서사시 〈이고르 원정기The Tale of Igor's Campaign〉에서 서술자는 당시 내전에 가담한 양측 모두를 격렬히 비난한다. "당장 군기를 내리고 더러운 검을 거두라. 너희가 벌이는 폭력이 결국 루시의 땅에 이교도 적들을 불러오는 것임을 모르느냐. 폴로베츠의 땅에서 일어난 싸움도 너희 싸움 때문에 일어난 것이니." 오늘날 푸틴의 선전·선동도 이와 다르지 않다. 반대하고 저항하는 이들은 러시아의 단결과 안정을 위해 탐욕을 내려놓으라는 것이다.

하지만 푸틴은 러시아가 경계를 낮추는 순간 가차 없이 덤벼들 공격자들이 득실거리는 적대적인 장소로 이 세상을 바라보는 전통을 그대로 답습하는 것 같다. 오늘날에는 분열도 문제지만 낙후 역시 문제가 된다. 러시아는 어떤 대가를 치르든 이웃들과 속도를 맞춰야 한다. 그러지 못하면 1941년 스탈린이 말했듯 '지속적인 패배'를 당할 수밖에 없다. 당시 스탈린은 수백 만 명을 죽음과 궁핍에 몰아넣은 가혹한 공업화와 집단주의를 정당화하기 위해 역사를 내세웠다.

조국은 몽골 칸들에게 짓밟혔다. 터키 지방장관에게 짓밟혔다. 스웨덴 봉건 영주에게 짓밟혔다. 폴란드와 리투아니아 귀족들에게 짓밟혔다. 영국과 프랑스 자본가들에게 짓밟혔다. 일본 남작들에게도 짓밟혔다. 조국이 후진적이었기 때문에, 군사적으로나 문화적으로, 정치적·산업적·농업적 낙후 상태였기 때문에 모두가 짓밟았던 것이다.

앞으로 보게 되겠지만, 길고 피비린내 나는 역사 속에서 러시아가 외부의 힘에 의해 굴복당했던 원인이 정말로 경제적 혹은 정치적 열세 때문이었던 적도 있다. 하지만 그것만이 원인이 아닌 경우가 더 많다. 그러나 이런 객관성 측면은 위대한 역사 이야기를 만들어내고 이를 통해 거대하고 무자비한 규모로 국가를 키워가려는 이들에게는 관심 밖이다.

러시아의 역사가 이토록 생생하게 그려지고 얼마든지 수정

가능하게 된 이유 중 하나는 수세기 동안 열정적으로 이어진 '다시 쓰기' 때문인지도 모른다. 이 땅의 민족들은 운명과 나약함을 자부심과 목적의식으로 바꿔주는 신화를 만들어냄으로써 공동체를 이루었고, 새로운 신화가 옛 신화에 덮어씌워지는 다층적 정체성 형성 과정은 지금도 지속되고 있다. 예를 들어 루시에 정복당한 것이 아니라 통치자를 초청해 들였다는 식이다. 여기에도 만족하지 못한 18세기 러시아 신세대 역사학자들은 이를 '노르만주의'라 부르면서 비판했고 슬라브인들에게는 바이킹 같은 존재가 아예 필요하지 않았다고 주장했다. 슬라브인들은 스스로 나라를 건립했고 루시라는 이름은 고대 부족 명칭에서 기원했다는 것이다. 역사적으로는 의혹투성이지만 민족적으로는 퍽 만족스러운 이 이론은 정설로 인정받아 권위를 누렸지만 학문적 엄정성이 계속 비판 받으면서 폐기 직전까지 밀렸다. 그러던 중에 소련 시대가 열렸고 조국이 독일계에 뿌리를 둔다는 점은 절대 인정할 수 없는 상황에서 반反 노르만주의 정서가 다시금 국가 신조로 자리 잡았다.

블라디미르의 케르소네소스 정복은 러시아의 2014년 크림 합병에 정당성을 부여했다. 크림반도를 러시아 정교의 품에 다시 넣어야 한다는 것이다. 돈바스 지역에서 전투가 한창이던 와중, 모스크바와 키예프 역사학자들 사이에도 전쟁이 벌어졌다. 블라디미르 대공을 어느 쪽 선조로 볼 것인가를 둘러싼 논란이었다. 키예프 대공이라 한다면 오늘날 러시아의 정신적 조상이 우크라이나인이 되어 버린다. 다른 한편 류리크 왕가 혈통을 강조한다면 우크라이나는 러시아와 절반만 피를 나눈 관계가 될 것이었다. 이처럼 고대 역사, 민족 신화, 현대 전쟁은 생각보다 훨씬 더 밀접할 수 있다. 루시의 땅에서는 특히나 그렇다.

더 읽어볼 자료

안타깝게도 이 흥미로운 시기를 다룬 자료는 충분하지 않다. 사이먼 프랭클린Simon Franklin과 조너선 셰퍼드Jonathan Shepard의 《The Emergence of Rus 750-1200》(롱맨, 1996)이 기본서 중 하나이지만 가볍게 읽기는 어렵다. 파벨 돌루하노프Pavel Dolukhanov의 《The Early Slavs: Eastern Europe from the Initial Settlement to the Kievan Rus》(루틀리지, 1996)는 더더욱 그런 책이다. 재닛 마틴Janet Martin의 《Medieval Russia, 980-1584》(케임브리지, 2007)의 전반부가 훨씬 접근성이 좋다. 블라디미르 볼코프Vladimir Volkoff의 《Vladimir the Russian Viking》(오버룩, 2011)은 블라디미르 대공의 전기로 잘 읽히지만 엄정한 역사적 서술이라 볼 수는 없다. 마지막으로 언급할 책은 데이비드 니콜David Nicolle의 짧막한 책 《Armies of Medieval Russia, 750-1250》(오스프레이, 1999)이다. 당시의 전쟁과 습격을 잘 요약해 두었고 앵거스 맥브라이드Angus McBride의 채색 삽화도 들어가 있다.

2

우리 죄가 많아
알 수 없는 이들이 몰려왔다

《노브고로드 연대기》

✕ ✕ ✕

드미트리 공이 라도네슈의 성 세르기우스에게 축복 받는 장면을 새긴 부조 작품,
1849년, 돈스코이 수도원 소장.

연대기는 1380년, 루시의 각 지역 군대들이 모스크바 드미
트리 공후의 지휘 하에 쿨리코보('도요새 벌판'이라는 뜻)에 모
였다고 기록한다. 한 세기 동안 러시아에서 가혹한 통치를 이어온
몽골 타타르 정복자들, 일명 킵차크한국Golden Horde('금장한국'이라
고도 함)에 맞섰던 것이다. 수적 열세에도 러시아인들은 기지를 발
휘하여 적과 싸웠고, 수도사이자 전사인 페레스베트Peresvet가 첫
번째 공격을 가했다. 이로써 오래 짓눌려온 '몽골의 멍에'를 떨쳐
낼 수 있었다. "드미트리 공은 모세가 아멜렉을 물리쳤듯 위대한
승리를 거두고 귀환했다. 러시아 땅에는 평화가 찾아왔다. 적들은

짧고 굵게 읽는 러시아 역사

수치심을 느꼈다"라는 것이 연대기의 묘사이다. 왼쪽 사진의 조각품은 본래 모스크바의 구세주 그리스도 대성당에 있다가 스탈린이 성당을 무너뜨렸을 때 돈스코이 수도원으로 옮겨졌는데 이 이야기의 고전적인 장면을 보여주는 조각이다. 신심이 깊은 드미트리 공이 무릎을 꿇고 라도네슈의 성 세르기우스St Sergius of Radonezh, 러시아 정교회의 위대한 성인에게 축복을 받고 있다. 세르기우스 뒤에는 곧 전공을 세우게 될 페레스베트가 서 있다.

　　이 연대기는《대공 드미트리 이바노비치의 삶과 죽음The Life and Death of Grand Prince Dmitry Ivanovich》으로 1389년 그가 죽은 직후에 쓰였다. 과장이 많고 사실적 근거는 희박한, 일종의 찬가다. 이는 러시아가 새로 부상하는 과정에서 핵심 지위를 차지하려 했던 모스크바 통치자들과 교회가 각기 시도했던 신화 만들기의 한 사례이기도 하다. 페레스베트는 아마도 실존하지 않은 인물일 것이다. 드미트리의 군대는 러시아 전 지역에서 모여든 것이 아니었다. 멀찍이서 관망하기도 했고, 심지어 랴잔Ryazan 공국처럼 반대편에 합류한 경우도 있었기 때문이다. 드미트리가 정말로 전투에 이겨 전투 장소였던 강 이름을 따 '돈스코이'라는 별칭을 얻게 되었다 해도 그 승전은 결정적이지 않았다. 불과 2년 후 몽골군은 다시금 모스크바를 약탈·방화했고 드미트리의 충성 맹세를 받아냈기 때문이다. 킵차크한국의 수도인 머나먼 사라이까지 러시아인들의 공물인 은을 보내는 일은 한 세기나 더 지속됐다.

하지만 대부분의 러시아인들에게 이는 대수롭지 않았다. '몽골의 멍에'라는 말도 당시에는 사용되지 않았다. 몽골은 정복에는 잔혹했지만 통치에는 놀랄 만큼 너그러웠다. 러시아인들 입장에서는 은銀을 키예프나 모스크바로 보내는 것이나, 사라이로 보내는 것이나 별 차이 없는 일이었다. 이 때가 러시아 역사의 결정적 시기로 여겨지게 된 것은 나중의 일이었으나 몽골 신화 혹은 괴담의 힘은 더할 나위 없이 강력했다. 그 신화는 현대 정치 문화를, 중국에 대한 태도를, 어째서 러시아가 제대로 된 유럽국가가 되지 못하느냐는 자유주의자들의 한탄을 낳았다. 그 무엇보다도 역설적인 결과는 사냥꾼 오두막들이 모여 있는 별 볼일 없던 마을을 새로운 러시아의 중심으로 끌어올린 것이 바로 몽골인들이었다는 점이다. 모스크바가 탄생한 것이다.

삼형제

러시아 민담에 계속 등장하는 것이 삼형제 이야기다. 형제들 이름은 레크Lech, 체크Czech, 루스Rus인데 폴란드(레히트인들Lechites이라고도 불렸다), 체코, 루시라는 슬라브 세 민족의 시조를 뜻하는 것으로 보인다. 삼형제가 등장하는 대부분의 민담에서 한 명은 강하고 공정한 이로, 또 다른 한 명은 영리한 모험가로, 그리고 막내는 아주 나쁜 놈이나 신심 깊은 바보로 등장한다.

이와 연결시켜 보자. 옛날 옛적에 세 도시가 있었다. 이 세 도시는 러시아가 택할 수 있었던 각기 다른 세 가지 길을 대표했다. 키예프는 가장 위대한 도시인 동시에 가장 전통적인 봉건적 중심지였다. 그 권력은 가문의 혈통을 통해, 그리고 키예프가 루시의 심장이자 영혼이라는 믿음을 통해 표현되었다. 공후 한 명 혹은 가문 한 곳이 키예프를 차지하려는 싸움이 계속 일어났지만 모든 경쟁자들이 동일한 세계관을 공유했다. 더 많은 영토를 얻기 위해 공후들 간에 끝없는 전쟁이 벌어졌다. 공후의 아들들은 영토를 나눠 상속하는 관행이 있었고, 피를 흘리며 고통스럽게 확보한 땅은 계속 쪼개질 수밖에 없었다. 키예프는 공후의 도시였고 신심과 겸손함이 과장되어 마치 수도승처럼 그려진 연대기 속 통치자들은 전쟁과 속임수, 가문에 대한 충성, 공물 수탈 등에서 나름의 능력과 행운에 힘입어 세력을 얻었다.

노브고로드는 북쪽에 위치한 교역 도시로 발트해의 부유한 국제항구들에까지 영향력을 떨쳤다. 돈 많은 시민 대표들, 그리고 과두제 민주주의가 큰 힘을 발휘했다. 도시 자유민들이 모이는 베체는 매년 시장 격인 포사드닉posadnik을 선출했는데, 포사드닉은 대공보다 큰 권력을 갖곤 했다. 이 도시는 '대大 노브고로드 경卿'

이라 불리곤 했는데 마치 도시가 자신의 주인이고 공후는 고용된 존재에 불과하다는 뜻 같았다. 예를 들어 《노브고로드 연대기》는 1136년, 도시민들이 프세볼로드 공후를 내치기로 했다고 기록한다. "이유는 공후의 잘못 때문이다. 첫째, 농부를 보살피지 않았다. 둘째, 페레야슬라블을 통치하려는 엉뚱한 마음을 먹었다. 셋째, 최근의 전쟁에서 군대를 내버려두고 도망쳤다"라고 나온다. 노브고로드인들에게 공후는 명목상 대표 겸 전쟁의 장수였다. 제대로 시민들을 보살피지 않는다면, 다른 도시에 욕심을 낸다거나 전투 병력을 제대로 지휘하지 못한다면 역할을 못하는 셈이었고 결국 쫓겨나는 상황에 처했다. 프세볼로드는 비판을 받고 파면된 첫 사례도, 마지막 사례도 아니었다. 1270년에는 야로슬라프 공후가 "우리는 당신을 원치 않으니 떠나 주십시오. 안 그러면 노브고로드 전체가 나서서 당신을 몰아낼 것입니다"라는 베체의 통보를 받았다. 공후는 스스로 떠났다.

이렇듯 노브고로드는 나름의 문화를 지니고 있었다. 기독교가 뿌리내리는 데 오랜 시간이 걸려 1071년까지도 이교도 폭동이 일어났다. 도시 정치를 좌우하던 대귀족들은 상업계 거물인 동시에 전사戰士였다. 노브고로드 시장과 거래소들은 루시 전체의 핵심적인 은銀 공급처였고 볼가강을 통해 배로 운반되는 식량 비용도 은으로 지불했다. 노브고로드는 러시아 도시라기보다는 북유럽 도시에 더 가까운 편이었다. 발트 정세에 깊이 관련되어 스웨덴과 격돌했고 '검의 형제 기사단'이나 '독일기사단' 같은 기독교 십자군 전사들을 격퇴하기도 하였으며 리보니아Livonia와 동맹관계를 맺고 북유럽 지식 흐름의 일부가 되기도 했다. 간단히 말해 노브고로드는 상업 도시로서 교역과 탐험으로 번영했고, 조금 과장해서 말하자면 르네상스 이탈리아 도시 국가의 초기 형태(다시 말하면 목재 방벽과 양파머리 돔 지붕을 지닌 도시국가 버전)였다고까지 할 수 있다.

키예프와 노브고로드의 전성기 시절 셋째이자 막내인 모스크바는 도시라 부르기도 어려운 형편이었다. 모스크바에 대한 첫 기록은 유리 돌고루키('긴 팔의 유리'라는 뜻)가 키예프 대공이 되기 전인 1147년, 거기서 한차례 모임을 주재했다는 내용이다. 그러나 몽골인들이 몰려오자 키예프는 파괴되고 노브고로드는 몰락하면서 모스크바가 번성기를 맞이했다. 루시 전체의 주인이 되었을 뿐 아니라 러시아 전통, 몽골 관행, 모스크바 특유의 실용주의가 결합된 정치 문화의 본산지가 된 것이다.

몽골인들의 등장

남쪽과 동쪽의 반 정착 유목민들은 루시 입장에서 주기적인 골칫

거리였다. 9세기에는 흑해 초원지대에 있던 유대-투르크 계열의 하자르 한국Khazar Khanate이 볼가 교역로 통제권을 차지하려고 싸움을 걸어왔다. 10세기에는 중앙아시아의 페체네그인들이 위협을 가했지만 이들은 곧 루시의 요새들 뒤쪽과 동쪽으로부터 다가오는 새로운 도전자들 사이에 끼인 형국에 처했다. 쿠만 혹은 폴로베츠인들이라 불린 이 도전자들은 11세기와 12세기에 부상하여 러시아를 지속적으로 괴롭혔다. 하지만 그 무엇도 러시아에 진정한 존재적 위협은 되지 못했다. 습격이 없을 때 이들은 루시와 교역도 하고 공후들이 걸핏하면 벌이는 계승 싸움에서 용병으로 활약하는 것이 현실이었다.

　　당시 누구도 알지 못했지만 멀리 동쪽에서는 유라시아를 재편할 세력이 성장하는 중이었다. 12세기 말, 몽골의 전사 테무친, 훗날 칭기즈칸으로 알려진 인물이 유목 민족들을 통일하고 일찍이 없던 정복의 시대를 열었다. 그의 후계자들은 무속 신앙의 텡그리('푸른 하늘'이라는 뜻) 신의 이름으로 온 세상에 통치 영역을 넓혀간다는 임무에 충실했다. 정착 민족들은 정복당했고 유목 민족들은 합병되거나 멸망했다. 중국, 중앙아시아, 중동 여러 지역 모두가 이 강력한 초원 군대 수중에 떨어졌다. 흉포하고 믿을 수 없을 정도의 기동성을 갖추고 있었고, 외교, 거짓 정보, 불안심리를 활과 칼만큼이나 효율적으로 활용하는 능력 덕분이었다.

페체네그인들을 대신해 13세기 초까지 세력을 떨치던 폴로베츠인들은 동쪽에서 다가온 새롭고 더 강력하고 무서운 유목 세력의 위협을 받게 되었다. 폴로베츠 족장 코티얀 칸Köten Khan은 사위인 갈리치아의 므스티슬라프 공후 궁정으로 도망쳐 "무서운 이방인들이 우리 땅을 빼앗았네. 와서 도와주지 않는다면 자네 땅도 내일이면 빼앗길 걸세"라고 경고했다. 몽골군이 드네프르강가에 나타났다는 소식까지 들어오면서 므스티슬라프가 응전에 나섰다. 러시아와 폴로베츠 동맹군은 덫에 걸렸고 칼카강에서 대패했다.

하지만 이때의 몽골군은 칭기스칸의 장남 주치 칸Jochi Khan이 이끄는 군대의 척후 부대에 불과했으므로 후속 공격을 하지 않았다. 러시아로서는 당면한 위협의 크기나 흉포함 정도를 가늠할 수 없었다. 그들에게 몽골 혹은 타타르인들은 수수께끼투성이였다. 《노브고로드 연대기》에는 "우리 죄가 많아 알 수 없는 이들이 몰려왔다. 어디서 왔는지, 종교나 언어가 무엇인지 아무도 몰랐다. 러시아 전사 열 명 중 한 명만이 그 전투에서 살아남았다"라고 기록되어 있다. 후속 공격이 바로 이어지지 않았으므로 루시는 수수께끼의 몽골인들이 자신의 저항으로 진군을 미루게 되었으려니 생각했고 대패한 전투는 용감한 저항으로 여겨지게 되었다.

이런 생각은 주치의 아들 바투 칸Batu Khan이 주력 부대를 이끌고 서진해온 1236년이 되자 순식간에 무너졌다. 폴로베츠인들의 마지막 저항을 박살낸 바투는 루시로 방향을 돌렸다. 이후 몇 년 동안 러시아는 불길과 칼날의 공격에 휘말렸다. 도시가 차례로 함락 당했다. 분열 상태로 준비도 변변치 않던 루시는 침략자들의 상대가 되지 못했다. 자부심에 넘치던 키에프는 싸움을 택했고 야만적 살육과 약탈에 내몰렸다. 인구 5만 명 중에 2천 명이 간신히 살아남았을 정도였다. 6년 후 찾아간 교황 사절단은 '죽은 이들의 두개골과 뼈가 무수히 굴러다니는' 폐허의 모습을 기록했다. 영리한 노브로고드는 이 사례에서 교훈을 얻어 은을 바치면서 미리 항복해 목숨을 건졌다.

서쪽으로 전진하는 몽골의 거침 없는 정복 전쟁을 멈출 방법은 아무 것도 없어 보였다. 바투의 군대는 헝가리와 폴란드에 이르렀고 그즈음 정치와 술은 그 어떤 군대도 해내지 못한 일을 해냈다. 칭기즈칸 뒤를 이은 바투의 삼촌 오고타이Ogedei 대제는 술을 무척 좋아했다. 신하들이 잔 수로 음주량을 제한하려 하자 잔을 크게 만들게 했을 정도였다. 1241년 그는 밤새도록 술판을 벌인 후 사망했다. 바투는 계속 전장에서 승리를 거두었지만 포위 작전이 이어지면서 승리를 위해 치르는 비용이 약탈에서 얻는 수입을 넘어서는 상황에 처했고 따뜻하고 습한 날씨는 번개처럼 빠른 몽골 기마병이 진창에서 허우적대게 만들었다. 오고타이 사망 소식을 들었을 때 어쩌면 안도감을 느꼈을지도 모를 바투는 제국의 수도인 카라코룸으로 말머리를 돌렸다. 몽골의 차기 대제를 뽑는 협의에 참여하기 위해서였다.

몽골군은 중부 유럽에서 물러났지만 러시아는 통제 하에 남겨두었다. 확장된 몽골 영토의 서쪽 근거지가 필요했던 것이다. 이후 두 세기 이상 아시아의 압제를 받게 된 이른바 '몽골 멍에' 시기로 인해 러시아는 유럽 다른 지역과 차단되었다는 것이 전통적인 러시아 역사 해석이다. 하지만 물론 진실은 이보다 훨씬 더 복잡하다.

'몽골 멍에'는 사실인가?

몽골은 관리와 통치보다 정복에 더 힘을 썼다. 킵차크한국은 한 나라로 통치하기에는 규모가 너무 컸으므로 각 지역이 자율권을 가질 수밖에 없었다. 수도인 사라이는 러시아 남동쪽에 위치했는데, 볼가강이 카스피해로 흘러가는 근처였다. 몽골인들은 정복당한 민족들에게 자기 생활방식이나 종교(13세기 중반부터 이슬람교도가 압도적이었다)를 따르게 할 생각이 없었다. 다만 질서와 공물, 복종과 순종을 요구했고 공후들이 바치는 재물에 만족했다. 초기에는 나름의 지역 통치관인 다루가치를 임명했지만 곧 철수하고 기꺼이 제국을 위해 일하는 러시아 공후들을 활용했다.

공후들은 작은 연못의 큰 물고기로서 더 큰 존재에게 충성하고 세금을 바치는 데 이미 익숙해 있었다. 먹이사슬의 최상부에 누가 있는지는 사실 별로 중요하지 않았다. 멀리 사라이까지 가서 책봉을 받는 것도 마다하지 않았다. 칸의 이름으로 통치하기 위해서였다. 출장 온 몽골 관리를 합당하게 예우하지 않거나 저항하는 도시도 가끔 나타났는데 그 결과는 피의 보복이었다. 경쟁관계인 공후들은 사적 불화나 계승 싸움에서 사라이의 지원을 요청하기도 했다.

전체적으로 볼 때 이 시기는 종교적 관용(1267년, 몽골 대제는 러시아 정교회를 자신의 공식적 보호 아래 두고 세금과 병역을 면제해주었다)과 상업 융성의 시대였다. 모스크바와 류리크 가문에게는 특별한 기회인 셈이었다. 초기 공격 시기에 모스크바도 다른 여러 지역들처럼 약탈 방화를 겪었지만 서서히 회복되었고 모스크바 공후들은 새로운 게임의 규칙을 신속히 효과적으로 몸에 익혔다. 킵차크한국의 가장 열성적이고 효율적인, 그리고 가장 가혹한 대리인이 된 것이다. 세금 징수든 반역자 처벌이든 모스크바 공후들은 사라이가 필요로 하는 일을 열심히 수행하며 많은 이익을 챙겼다.

몽골 침략 이전에 노브고로드 공후로서 독일 기사단(러시아 정교회를 이슬람교보다 나을 것 없는 이단으로 여겼던 가톨릭 십자군이다)으로부터 북서 러시아를 구해냈던 알렉산드르 넵스키Alexander

Nevsky는 몽골 제국에 최초로 협력을 약속한 인물이었고 그 대가로 블라디미르-수즈달 대공으로 책봉을 받았다. 러시아 공후 중 으뜸가는 직위를 수여받은 그는 키예프를 따돌렸고 류리크 왕조는 공들여 이 자리를 유지해냈다. 그리고 이로써 명예와 치부의 기회를 얻었다. 넵스키가 죽었을 때 모스크바는 그가 남긴 유산 중 하나이자 덜 중요한 도시였으므로 막내아들인 두 살배기 다닐에게 돌아갔다.

넵스키의 후계자 유리(재위 1305-1325)는 사라이에서 2년이나 머물며 인맥을 만들었고 정치교류를 했으며 우즈베크 칸의 누이 콘차카와 결혼했다. 이런 적극적 협력 덕분에 그는 블라디미르-수즈달 대공 자리에 오를 수 있었다. 반면 모스크바는 러시아 지역들의 통치권을 둘러싸고 랴잔Ryazan, 특히 트베르Tver와 싸움을 벌이느라 바빴다. 유리가 죽은 후 이반 1세 공후(재위 1325-1341)는 트베르의 반란 진압에 자발적으로 나서면서 일석이조의 효과를 얻었다. 몽골군을 진두지휘하면서 경쟁자와 대적했을뿐 아니라 대공 직위까지 받은 것이다.

그는 엄청난 부를 축적하여 이반 칼리타('돈주머니'라는 뜻)라는 별명을 얻었다. 돈과 권력은 더 많은 돈과 권력을 불러왔고, 그는 모스크바 통치 지역을 확장하는 과정에 이를 사용했다. 벨로오제로Beloözero나 우글리치Uglich 같은 작은 공국은 돈으로 사들였

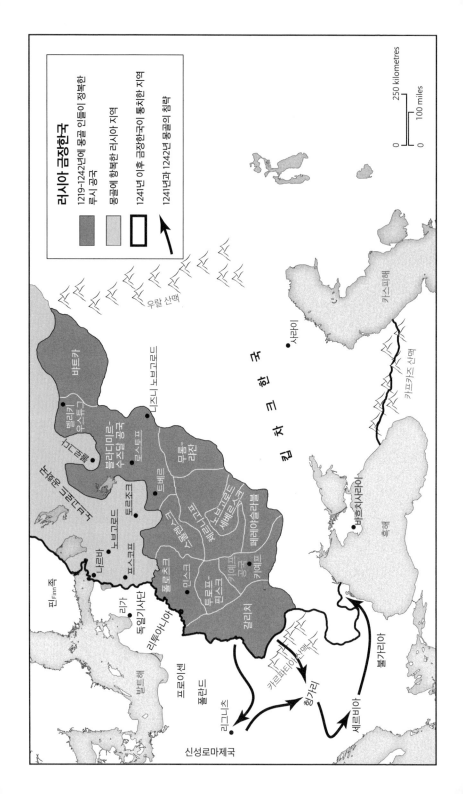

러시아 금장한국

1219-1242년에 몽골 인들이 정복한
루시 공국

몽골에 항복한 러시아 지역

1241년 이후 금장한국이 통치한 지역

1241년과 1242년 몽골의 침략

우랄 산맥

바트카

벨리키 우스튜크

볼로그다

블라디미르-수즈달 공국

로스토프

야로슬라블

노브고로드

니즈니 노브고로드

무롬-랴잔

트베르

모자이스크

스몰렌스크

체르니고프

노브고로드-세베르스키

페레야슬라블

트루프초크

민스크

투로프-핀스크

키예프 공국

갈리치

핀 Finn 족

발트해

리가

독일기사단

리투아니아

프로이센

폴란드

신성로마제국

레그니츠

카르파티아산맥

헝가리

세르비아

불가리아

킵차크한국

사라이

카프카즈 산맥

카스피해

흑해

250 kilometres

100 miles

고, 로스토프나 야로슬라블 공국은 결혼을 통해 승계권을 얻었다. 류리크 왕조는 한번 차지한 것을 잘 지켜냈다. 이반은 장자상속의 전통을 확립해 영토를 여러 자식에게 나누는 대신 맏아들에게 전부 물려주었다. 가족 사업은 잘 유지되면서 번성했다.

이반의 뒤를 이은 거만한 시메온(재위 1341-1353)은 노브고로드에 눈을 돌려 부유한 마을 토르조크Torzhok를 빼앗았다. 이반 2세(재위 1353-1359)의 치적은 그만 못한데 이는 당시 러시아가 흑사병으로 인구의 4분의 1을 잃어버리는 시기였던 탓도 있고, 류리크 가문의 가차 없는 기회주의 성향에 비쳐볼 때 다소 나약하고 수동적인 인물이었다는 평가도 있다. 그 아들 드미트리(재위 1359-1389)는 과감하고 야망 넘치는 인물로, 재앙이 될 수도 있는 싸움에 도박을 걸었다가 모스크바가 루시 전체를 지배하게 되는 놀라운 성과를 거두었다.

드미트리와 쿨리코보

드미트리 공후는 앞선 공후들과 완전히 다른 전략적 상황에 놓여 있었다. 킵차크한국은 기울어가고 있었다. 활력이 떨어졌고 지도자들은 서로 싸움을 벌였으며 유럽과 아시아에 걸친 실크로드 교역량도 하락세였다. 한편 성장의 절정에 다다른 모스크바에도 내리막길의 징후가 나타나기 시작했다. 당시 모스크바는 성당들이 빼곡히 들어섰고, 여러 요새에 둘러싸여 있었다. 1325년 러시아 정교회 수장인 표트르 대주교가 모스크바로 주교좌를 옮겼다. 키예프도 블라디미르도 아닌 모스크바가 러시아 전체의 영적 중심지로 인정받은 것이다.

하지만 아직 정치적 중심지는 되지 못했다. 주도권을 잡으려는 모스크바의 시도는 계속 노브고로드에 묵살당했다. 랴잔과 트베르는 대놓고 적대적이었다. 북서쪽의 리투아니아 대공국이 세를 키워갔고, 한때 부와 안전을 보장하던 킵차크한국과의 밀착 관계는 좋게 말하면 유용성이 줄어들었고 나쁘게 말하면 직접적인 문젯거리가 되었다. 사라이에서 벌어지는 치열한 내분에 휘말렸기 때문이다. 1360-1370년대 모스크바 지역은 칭기즈칸의 후손인 마마이 칸의 지배를 받았다. 그는 개인 이익을 위해 지나치게 술수를 부리는 인물이었다. 모스크바와 트베르 사이를 이간질하여 처음에는 드미트리를 블라디미르 대공으로 책봉했다가 조공이 요구한 만큼 들어오지 않자 트베르의 미하일 공후에게 대공 자리를 주는 식이었다. 문제는 마마이 칸이 사라이에서 정치 싸움을 벌이기 위해서는 더 많은 은이 필요했고, 결국 모스크바에 비현실적인 요구를 하기 시작했다. 드미트리는 스스로 문제를 해결하기로 하고 트베르를 포위했으며 미하일 공후에게 블라디미르를 내놓으라고 압박했다. 중대한 변화였다. 러시아 공후들이 사라이의 결정을 기다리는 대신 직접 운명을 결정하게 된 것이다.

이 시점의 드미트리 공후가 민족주의 저항을 했던 것은 아니다. 사라이의 통치에서 러시아를 해방시키려는 목적도 없었다. 그저 기회를 포착해 모스크바가 유리한 입장에 놓이게끔 하려는 것뿐이었다. 마마이 칸은 토크타미시 같은 장군이라기보다는 모략가였다. 군대와 동맹을 얻기 위해 돈이 필요했고 이를 러시아에서 짜냈다. 그 와중에도 유능한 전쟁 지도자의 면모는 보일 필요가 있었다. 1380년, 그는 예전보다 훨씬 더 많은 공물을 요구했다. 그리고 드미트리가 요구에 따르지 않거나 따르지 못하리라 내다보면서 모스크바 공격 준비를 시작했다. 강제로 공물을 빼앗는 동시에 군사적 능력을 과시하려 했던 것이다.

드미트리는 전쟁을 원치 않았다. 어떻게 해서든 긁어모아 돈을 마련하겠다는 작정을 하기도 했다. 하지만 마마이 칸의 공격 소식이 들려오자 궁여지책으로 대의를 만들어냈다. 싸워야 한다면 킵차크한국에 대항하는 전쟁이라는 명분을 세운 것이다. 이를 통해 부역에 앞장서던 도시 모스크바를 독립 운동의 선봉장으로 변화시키고 루시 전체를 지배하는 존재로 만들고자 했다.

서사시 〈자돈시치나Zadonshchina〉(몽골과 맞붙은 쿨로코보 전투를 다룬 시로 제목은 '돈강 너머'라는 뜻임 – 옮긴이)는 "돈강과 드네프르강

하구로부터 러시아 땅으로 진격할 채비를 갖춘 회색 늑대 떼가 고함치며 달려왔다네. 실상 그것은 회색 늑대가 아닌 사악한 타타르였지. 루시 땅 전체를 마음대로 휘두르려는 그들 말이네."라고 노래한다. 마마이 칸은 몽골 타타르, 아르메니아 지원군, 크림 교역 거점에서 확보한 제노바 용병 등 5만 명이 넘는 병력을 동원했다. 요가일라Jogaila 대공이 이끄는 리투아니아 군 5천 명, 사라이와 지리적으로 너무 가까워 저항하기 어려웠던 랴잔의 올레그 공후가 인솔한 천 명도 거기 합세했다. 드미트리가 소집한 군대는 3만 명 규모였는데 모스크바와 휘하 도시들에서 온 병사가 절반이었다. 이렇게 된 것은 다른 공후들이 모스크바의 야망에 의혹을 품은 탓이었다. 노브고로드, 트베르, 심지어는 드미트리의 장인인 수즈달의 드미트리 콘스탄티노비치까지도 관망하는 입장을 취했다.

양측 군대는 쿨리코보에서 격돌했다. 마마이 칸은 겨울이 시작되어 전투가 불가능해지기 전에 승리를 거머쥐고 싶어 조급했고, 드미트리는 랴잔과 리투아니아 군이 도착하기 전에 싸움을 시작해야 하는 입장이었다. "낫질에 건초가 베어지듯 병사들이 쓰러졌고 피가 강이 되어 흘렀도다"라고 기록될 만큼 잔혹한 전투였다. 결국은 러시아인들의 의지와 전술이 승리했다. 최후의 순간, 드미트리의 매복 작전이 마마이 칸의 측면을 무너뜨려 적을 소탕했다. 드미트리는 병력의 3분의 1 가량을 잃었지만 전리품을 잔뜩 확보했고, 더 중요하게는 불패의 몽골 제국에 맞서 승리한 러시아 영웅이라는 명예를 얻었다.

여기서부터 신화와 사실이 극명하게 갈라진다. 전장의 승리를 얻은 것은 분명하지만 정치적 전환점은 아직 아니었다. 마마이 칸은 크림에서 최후를 맞을 운명이었다. 자신이 도망치는 동안 뒤를 지키다 죽게 하려던 제노바 용병들에게 오히려 살해당한 것이다. 토크타미시는 세력을 키우고 다시 병력을 모아 모스크바를 불태우고 드미트리 돈스코이의 무릎을 꿇게 했다. 러시아인들은 드미트리의 증손자 이반 3세 대공(재위 1462-1505)이 1480년 우그라 강 대치에서 적의 코를 납작하게 만들 때까지 몽골 타타르 칸들의 속국으로 계속 머물러야 했다. 물론 그동안 2보 전진 1보 후퇴식으로 주변 지역을 서서히 통합하여 '러시아 땅을 모아 가기는' 했다. 그럼에도 공후들은 여전히 사라이로 가서 지위를 확인 받았고 계승 전쟁과 도시 간 경쟁은 계속되었다.

외세 통치의 종료

사실에 비쳐볼 때 퍽 과장되기는 했지만 당시 널리 퍼졌고 이후 몇 세기에 걸쳐 꾸준히 발전된 신화에 따르면 모스크바는 결정적이고 극적인 승리를 거뒀고, 이를 통해 러시아 최고의 공국뿐 아니라 신이 선택한 곳이라는 지위를 누리게 되었다. 드미트리 돈스 코이는 교회를 적극적으로 지원했고, 외국 상인들을 쿨리코보로 데려가 견학시킴으로써 승전 소식이 널리 퍼져나가도록 했다. 후 계자들이 간혹 심각한 위기를 맞긴 했지만 드미트리가 두려워하 던 모스크바의 몰락은 확실히 피해간 셈이었다. 오늘날 쿨리코보 는 러시아 민족주의의 성지가 되었고 드미트리는 1988년, 러시아 정교회의 성인으로 시성되었다. 2010년 키릴 총대주교는 "그 전 투는 러시아가 강력한 용수철과 같이 튀어 올라 어떤 적이든 쓰 러뜨리며 승리할 수 있음을 증명했다"고 말했다.

하지만 시야를 조금 더 넓혀 보자. 이른바 '몽골 멍에' 시기 는 러시아 스스로 상상하는, 또한 많은 외부인들이 바라보는 러 시아 모습의 핵심을 이룬다. 몽골의 압제가 러시아를 유럽과 단절 시켜 당시 진행되던 르네상스와 초기 종교개혁에서 소외되었다 고들 한다. 당대의 문화·사회·경제·종교적 변화를 경험하는 대 신 불쌍한 러시아인들은 '몽골의 노예라는 피투성이 늪'(칼 마르크 스의 표현이다)에 빠져 허우적대야 했다. 그리고 그 과정에서 '아시 아적' 통치 형태, 즉 절대 권력을 휘두르는 최상층이 극단적인 잔 혹함을 무기로 하위층에 절대 복종을 요구하는 무자비한 형태를 내면화했다. 몽골 제국과 가장 긴밀히 연결되었던 모스크바는 가 장 열정적으로 그 정치 문화를 수용했고 러시아 땅을 통일하는

짧고 굵게 읽는 러시아 역사

과정에서 같은 방식을 적용했다.

그랬을 수도 있다. 어느 정도는 사실에 부합하나 전체 그림에서는 일부분일 뿐이다. 무엇보다도 몽골의 정복이 러시아를 외부와 차단시키지는 않았다. 상인과 사절단, 망명객과 선교사들은 여전히 오갔다. 노브고로드는 발트해에서 확고한 지위를 유지했고 모스크바 공후들은 콘스탄티노플, 리투아니아 양쪽과 정략결혼을 했다. 러시아가 고립되었다면 이는 울창한 삼림을 동서로 통과하는 강의 수로가 없었다는 점, 그리고 러시아가 상대적으로 빈곤했다는 점 때문일 것이다. 몽골 지배를 벗어난 후 러시아에 르네상스의 기미가 조금이라도 있었을까? 이탈리아와 네덜란드 도시들에서 시작된 르네상스는 농작물의 생산 증대, 그리고 상인 계층 및 도시 인구의 급성장이 낳은 결과물이었다. 몽골 침략은 분명 러시아의 도시화나 도시 중심의 장인 경제를 후퇴시켰다. 공물 부담이 커지면서 교역이나 농경 확대도 힘들었다. 하지만 아무리 그렇다 해도 러시아의 깊은 산중에서 르네상스를 기대하기란 어려웠다.

러시아가 몽골식 통치 방식을 받아들였다는 일부 역사학자들의 주장 또한 온전히 수긍하기는 어렵다. 학자들은 러시아가 몽골로부터 받아들인 행정 용어들, 예를 들어 야를릭(오늘날 '세관 도장'이라는 뜻으로 사용된다)이나 덴기('돈'이라는 뜻)를 근거로 든다. 하지만 절대왕정은 아시아의 발명품이라 보기 어렵고 모스크바 공후들이 도입한 용어, 차르(통치자)는 라틴어 카이사르caesar에 뿌리를 둔 것으로 비잔틴 통치자들도 사용했던 것이다.

러시아의 전제 통치 형태는 사라이 영향권 내의 모스크바를 비롯해 콘스탄티노플 휘하의 키예프에서도 쉽게 발견된다. 물론 몽골 제국의 영향력이 훨씬 강력했음은 의문의 여지가 없다. 모스크바의 많은 공후들이 몽골에 가서 몇 년씩 지내다 왔을 정도이니 말이다. 그럼에도 러시아의 정치 특성을 몽골 탓으로 돌리는 것은 편리한 핑계에 불과하다. 러시아인들 입장에서는 몽골이 알리바이를 제공한 셈이다. 과거와 현재의 이방인 비평자들도 몽골 통치를 근거로 러시아를 타자화한다. 동유럽이 아닌 서아시아로, 기껏해야 잡종 악당으로 보는 것이다. "러시아인을 벗겨보면 타타르인이 나타날 것이다"라는 19세기 프랑스의 문구는 이를 정확히 드러낸다.

러시아인들에 대한 몽골 제국의 권위는 당연하게 널리 인정된 것은 아니었다. 상당 부분 조건적이었고, 공후들의 지지에 따라 달라지는 일도 많았다. 공후들 역시 나름의 정략을 추진하고 이익을 확보하기 위해 사라이를 이용했다. 초기 공격 때 입은 피해를 제쳐둔다면 (물론 크나큰 피해였음에는 분명하다) 러시아 전제 정치의 뿌리는 시대 및 장소라는 객관적인 상황에서 찾아야 할 것으로 보인다. 공후들이 가능한 한 최대로 세금을 짜내기 위해 도시와 농민들을 엄격하게 통제해야 하는 척박한 땅이라는 점, 몽골의 효율적인 역참제에서 벗어나 있던 탓에 소식이나 명령이 느리게 전달되었다는 점, 자치를 원하는 지역이 많아 몽골과 러시아 지배자들이 단호하게 대응해야 했다는 점 등이 있을 것이다. 물론 몽골 제국은 앞서 콘스탄티노플이 그랬듯 권력의 관행과 표현을 일부 전달했다. 러시아의 다층적 기록에 한 층이 더해진 셈이다. 하지만 러시아는 여전히 나름대로 한 국가였고, 이반 3세 대제와 그 계승자들은 이 국가가 어떤 모습이 될지 곧 보여주게 된다.

더 읽어볼 자료

이 시대를 다룬 최고의 교과서는 자넷 마틴Janet Martin의 《Medieval Russia 980-1584》(케임브리지, 2007)이지만 로버트 크럼니Robert Crummey의 《The Formation of Muscovy, 1304-1613》(롱맨, 1987) 첫 부분도 충분히 참고할 만하다. 학문서로 인정받고 있는 책들은 찰스 핼퍼린Charles Halperin의 《Russia and the Golden Horde: The Mongol Impact on Medieval Russian History》(존와일리, 1985), 도널드 오스트로프스키Donald Ostrowski의 《Muscovy and the Mongols: Cross-cultural Influences on the Steppe Frontier, 1304-1589》(케임브리지, 1998)이다. 《The Story of the Mongols, whom we call the Tatars》(브

랜든, 1996)는 13세기에 카라코룸까지 갔던 여정을 기록한 죠반니 디 플라노 카르피니Giovanni DiPlano Carpini의 글을 번역한 것이다. 쿨리코보 전투에 대해, 우리가 무엇을 알고 무엇을 모르는지에 대해 파악하고 싶은 독자라면 《Kulikovo 1380: The battle that made Russia》 (오스프레이, 2019)라는 내 책이 도움이 될 것이다.

3
신의 뜻에 따라
전제군주국이 되었다

이반 4세

✕ ✕ ✕

일리야 레핀Ilya Repin, 〈1581년 11월 16일 금요일의 이반 뇌제와 그 아들 이반〉(부분),
1885년.

부끄러운 부모의 흔적을 지우기란 늘 어려운 법이다. 어느
십대든 붙잡고 물어보면 알 것이다. 하지만 러시아는 아무
리 인정하기 껄끄럽다 해도 무시하기는 불가능한 입장이다. 국가
제도로부터 남쪽과 서쪽으로의 팽창에 이르기까지 오늘날의 너
무도 많은 모습이 뇌제라 불린 이반 4세로 거슬러 올라간다는 점
을 말이다. '뇌제雷帝'라 번역되는 러시아어 '그로즈니Grozny'는 사
실 '두려운'이나 '무시무시한'이라는 뜻에 더 가깝다. 어떻든 그는

짧고 굵게 읽는 러시아 역사

현대 러시아의 토대를 닦고 나라 안의 나라라 부를 만한 특별 지역 오프리치니나를 만들었으며 국민들을 무한대의 공포로 몰아넣고 심지어는 영국의 엘리자베스 1세 여왕에게 청혼을 하기까지 했던(여왕이 거절할 수 있는 청혼이었다) 여러모로 기이한 인물이었다.

일리야 레핀의 끔찍한 그림은 1581년, 분노에 사로잡힌 이반 4세가 아들의 머리를 내리쳐 죽여 버린 순간을 묘사하고 있다. 루시 전체를 통치하는 음울한 우두머리는 충격과 공포에 빠진 모습이다. 커다랗게 뜬 두 눈은 말년의 그를 사로잡은 피해망상과 회한을 극명하게 드러낸다. 이 사건은 한 인간의 비극을 넘어서는 결과를 가져왔다. 유약한 은둔자 표도르가 유일한 후계자가 됨으로써 결국 반란과 침략, 쿠데타 등이 이어지는 대혼란 상태가 빚어진 것이다.

이 '동란의 시대Time of Troubles' 이후 로마노프 왕조가 등장해 1917년까지 러시아를 통치했지만 러시아의 많은 역사학자들은 '동란의 시대'를 중대한 전환기로 본다. 몽골 이후의 러시아가 공국들의 느슨한 연합체로부터 모스크바 공국을 중심으로 하는 국가로 변모하게 된 전환기라는 것이다. 이 과정은 이반 3세(재위 1462-1505) 때 시작됐지만 러시아의 미래를 만든 이는 그 손자인 이반 4세(재위 1533-1584)였다. 이반 4세는 국가를 세웠다가 이후 그 국가를 무너뜨린 인물로 평가받는다.

러시아의 땅 모으기

누구나 거인의 어깨 위에 한번쯤 올라서는 법이지만 이반 4세는 특히나 영리하고 가차 없이 목표를 추구한 선조들 덕을 톡톡히 본 인물이다. 이반 1세 칼리타 같은 대공들은 러시아 땅을 모스크바 영토로 모으는 과정을 시작했고, 드미트리 돈스코이는 모스크바의 리더십을 확고히 했다. 그 아들 이반 3세가 대제라 불리게 된 데는 모스크바 영토의 대폭 확장이 큰 역할을 했다. 정복, 외교, 매수 등 온갖 방법을 동원해 그는 열성적으로 러시아 땅을 통일했다. 1478년, 노브고르드가 마침내 무너져 옛 경쟁자에게 무릎을 꿇었고 영토의 4분의 3 이상을 모스크바에 넘겼다. 1480년에는 이반 3세의 군대가 우그라강에서 몽골군과 대치한 끝에 마침내 몽골 타타르의 지배에서 벗어날 수 있었다. 서쪽으로는 스웨덴인들과 힘을 겨뤘고, 리투아니아인들에게서는 여러 도시를 빼앗았다.

영토 확장만큼 중요했던 것은 이반 3세가 이데올로기와 권력 제도를 도입했다는 점이다. 1453년 콘스탄티노플이 끝내 오스만 제국에 함락 당했다. 모스크바가 '세 번째 로마'로서 기독교 정교의 최후 보루라는 주장은 확실시됐다. 비잔틴의 소피아 팔레올로기나 공주를 두 번째 부인으로 맞은 이반 3세에게 이 주장은 동로마 제국의 정치적 후계자라는 의미이기도 했다. 자기 의심이나 겸손함과 거리가 멀었던 그는 점점 전제군주가 되어갔다. 콘스탄티노플의 쌍두 독수리가 모스크바 공국 상징으로 들어왔고, 비잔틴의 궁정 예절도 널리 퍼졌다. 로마가 교류를 시도했지만 이반 3세는 문을 닫아걸었다. 정교회 성당, 수도원, 대성당 등이 전국적으로 우후죽순 생겨났다. 이와 함께 새로운 보수주의가 자리 잡았다. 러시아에서는 여성이 중요한 역할을 하는 경우가 종종 있었다(국제도시 노브고로드에서는 마르파 보레츠카야라는 여성 시장까지 나왔다). 그러나 16세기 이후부터 대귀족의 누이, 아내, 딸들이 대중의 시선이나 자유로운 이성교제에서 차단된 채 별도로 분리된 집의 구역에서만 지냈다.

이반 3세는 당시 이미 프라하나 피렌체의 두 배 규모였던 모스크바를 제대로 된 콘스탄티노플 후계 도시로 만들기 위해 온갖 노력을 기울였다. 이탈리아 건축가들을 초청해 크렘린성을 확장했고, 새로운 신민들로부터 쏟아져 들어오는 공물로 탑과 대성당을 지었다. 이는 실제 권력에서의 변화도 상징했다. 전통적으로 대공은 대귀족과 공후들에게 형식적으로나마 조언을 구해야 했으나 이반 3세는 이들을 그저 신민으로 대했다. 차르, 즉 황제 칭호를 처음으로 공식 사용한 것은 그의 손자인 이반 4세였지만 실상 차르라는 용어는 이반 3세부터 쓰이기 시작했다.

1497년, 모스크바 공국의 여러 지역이 수데브니크Sudebnik

법전을 받아들여 최초의 표준화된 법 체계가 마련되었다. 법 규정은 명확하고 강력했으며 대공의 통제력은 전례 없이 커졌다. 지역 관리들은 권한이 줄었고 농민들은 매년 11월 성 게오르기우스 축일 전후의 2주 동안에만 새로운 마을, 새로운 지주에게 옮겨갈 수 있었다.

노브고로드 땅을 차지한 이반 3세는 토지를 소유한 병사라는 새로운 계층인 포메슈치키pomeshchiki를 탄생시켰다. 생계를 해결할 작은 영토를 받고 그 대가로 병역 의무를 지는 계층이었다. 이는 새로운 통치 엘리트의 모델이 되었고 타고난 신분에 따라 공직 지위가 달라지는 복잡한 관직 체계 메스트니체스트보 mestnichestvo(정확히 번역하기 어렵지만 '장소 중심' 정도의 뜻 – 옮긴이)로 변화해갔다. 독립적으로 서로 경쟁하던 귀족 가문들이 대공을 위해 일하는 관리들로 점차 바뀌었다. 휘하 도시의 공후들은 더 이상 왕족이 아니었고 그 영토 또한 상속되어 내려가는 소유물이 아니었다. 전제 정치가 자리 잡히면서 지역 자치와 공후의 독립성이라는 껄끄러운 전통은 역사 속으로 사라졌다.

차르의 부상

이반 3세의 아들 바실리 3세(재위 1505-1533)는 아버지의 위업을 잘 계승했지만 1533년 사망하면서 너무도 어리고 약한 세 살짜리 아들 이반에게 대공 지위를 물려주었다. 훗날 러시아 최초의 차르가 될 어린 이반에게 아버지의 죽음은 이후 줄지어 닥친 불행의 시작에 불과했다. 어머니 엘레나 글린스카야가 섭정 통치를 했지만 5년 후 사망했다. 독살 당했다는 소문이 파다했다. 대귀족 가문인 슈이스키, 벨스키, 글린스키가 섭정 자리를 차지하기 위해 투쟁을 벌였고 방치된 어린 대공은 자기 궁전이어야 할 곳에서 먹을 것을 훔쳐야 하는 상황에 처했다.

훗날 쓴 편지에서(이 편지의 진위 여부는 불명확하다) 그는 자신과 동생 유리(귀머거리여서 왕위계승이 불가능했다)가 '부랑자처럼, 제일 가난한 집 자식처럼' 대우받았다면서 분노했다. 이러한 환경은 이반에게 물리적·정치적·도덕적 안전지대를 향한 평생의 동경을 심어줬으며 또한 평생 그토록 원했지만 절대 가질 수 없었던 편안함의 상실이라는 고통으로 이어졌다. 다른 한편 어린 대공이 모스크바의 무자비한 정치를 신속하게 잘 학습할 수 있는 온실 역할을 해주기도 했다. 1541년 남쪽의 카잔 한국이 오스만군의 지원을 받아 모스크바 공국으로 쳐들어왔다. 열한 살의 대공은 러시아의 승리에 별 역할을 하지 못했지만 섭정들이 그를 간판이자 상징으로 활용한 덕분에 영광을 조금이나마 나눌 수 있었다. 신의 보살핌(혹은 처벌)의 징조가 진지하게 받아들여지던 시대였기 때문에 이런 상징적 승리는 꽤 중요했다.

궁정에서 이반은 조금씩 자기 목소리를 내기 시작했다. 당시 권력을 쥔 것은 슈이스키 가문이었고 이 가문은 어린 대공 주변을 경박한 인물들로 채워 음주, 사냥 등 온갖 귀족적 도락에 빠지게끔 했다. 이반은 거기 어울리면서도 오만하고 부패한 슈이스키 사람들이 자기 이름으로 저지르는 일들을 남김 없이 지켜보았다. 1543년 12월, 불과 11세이던 이반은 안드레이 슈이스키 공을 체포하라는 명령을 내리고 측근들을 시켜 때려 죽였다. 정통성 있는 대공의 힘과 통치 의지를 적나라하게 보여준 셈이었다. 이후 몇 년 동안 이반과 대귀족들은 어색하고 때로는 적대적인 관계를 지속했다. 대귀족은 나라를 통치하기 위해 필요하긴 해도 믿을 수 없는 존재였다. 비난과 체포, 그리고 타협 사이를 변덕스럽게 오간 이반의 모습은 이러한 근본적 긴장 관계를 반영한다. 이반에게는 대귀족을 확실히 휘어잡을, 그리고 간절히 원하던 안정감을 확보해줄 새로운 통치 토대가 필요했다. 그는 할아버지의 개혁을 한 단계 더 나아가도록 하는 데서 답을 찾았다.

1547년, 대공은 러시아 전체의 차르로 즉위했다. 모노마흐 왕관이 등장해 즉위식의 격을 한층 높여 주었다. 이 왕관은 비잔틴 콘스탄틴 9세 모노마쿠스 황제가 손자이자 블라디미르 창시자인 블라디미르 모노마흐에게 주었다고 전해진다. 하지만 콘스탄틴과 블라디미르가 11세기의 통치자들인데 왕관은 13세기에 만들어졌다는 사실에 비추어보면 이는 전설에 불과하다. 늘 그렇듯 이번에도 권력과 권위에 타당성을 부여하기 위한 이야기를 만드는 과정에서 사실관계는 부차적인 것으로 밀려났다. 이전까지 대공들은 부와 권력을 누리면서 서로 평등했고, 이 평등주의 전통은 베체 시대 이후에도 굳건했다. 그러나 이제 러시아 통치자는 단순한 공후나 왕이 아니라 황제였다. 더 나아가 교회의 신앙을 수호하고 러시아 국민과 신 사이를 중재하는 신성한 존재의 역할까지 맡았다. 농부든 대귀족이든, 병사든 성직자든 누구나 단일 권력의 신민이었고, 그 권력은 천국의 약속 및 지옥의 위협으로 뒷받침되었다.

국가의 성립

이반 4세는 공포 정치나 왕권 상징물, 새로운 칭호에만 전적으로 의지한 것도 아니고, 권력을 잡았다는 사실만으로 만족하지도 않았다. 폭력적이고 예측 불가능했던 이 인물은 신심이 매우 깊었고 자신의 새로운 역할을 가볍게 보지 않았다. 섭정과 대귀족들의 싸움이 벌어지는 동안 모스크바의 통제력이 약해졌고, 제대로 된 통치가 없는 틈에 지역마다 반란이 잦았다. 귀족부터 도시 상인들과

장인들, 아래로는 농민에 이르기까지 개혁과 질서가 필요하다는 공감대가 마련되었다. 만연한 착취와 야만적 경쟁을 끝내야 했다.

　이반은 새로운 러시아를 만들기 위한 일련의 개혁에 착수했다. 선대 통치자들이 시작했던 일들을 효과적으로 결합해 가차 없이 밀어붙였다. 그의 치세 동안 러시아의 국가 관료 조직의 토대가 닦였고, 법규가 정비되었으며 교회와 왕권의 관계가 정립되었다. 1549년, 이반은 귀족 회의 및 교회 성직자 회의에 알리기를, 대귀족들에게 분노하는 마음이 크지만 통합을 위해 과거 비행을 처벌하지 않겠다고 선언했다. 하지만 미래에 다시 그런 일이 일어나면 크게 벌할 것이라 위협함으로써 귀족들 머리 위에 교수대를 세워두었다. 또한 힘 있고 질서 잡힌 국가로 가기 위한 광범위한 개혁을 시작한다고 알렸다. 그리고 바로 다음날, 지역 통치자인 나메스트니크namestnik들의 권력을 대폭 축소했다. 그가 미약하던 시절 각 지역에서 폭군 노릇을 하던 이들이었다. 다음해에는 개정 법률을 발효해 왕실이 관리들을 보다 강력하게 감독할 수 있도록 만들었다. 중앙집권적인 행정 체계가 무無에서 창조된 셈이었다. 현대 러시아 국가의 토대가 여기서 나왔다. 이반이 만든 포도청은 훗날 내무부가 되었고, 해외사절청을 설치하고 대표를 지낸 이반 비스코바티는 오늘날 러시아 외교부에서 최초의 외교관으로 인정받고 있다.

교회 역시 이반의 개혁열풍을 비켜가지 못했다. 1551년 전국의 종교 지도자들이 모였다. 훗날 '백 개 장章 회의'라 불리게 될 자리였다. 정책방향을 소개하고 신이 임명한 통치자라는 자신의 새로운 지위를 알린 이반이 성직자의 비행을 어떻게 다스릴 것인지에 대한 질문 목록을 내놓았다. 그 결과 러시아 정교회를 새로 결집시키는 동시에 차르 통치에 대한 복종을 확고히 해줄 문서가 채택되었다.

이반의 개혁이 국가를 현대화한 것은 분명하다. 대귀족들은 국가를 위해 일하는 존재가 되어 공직자와 포메슈시크pomeshchik ('지주'라는 뜻)라는 새로운 세대에게 도전 받는 처지에 몰렸다. 언제든 원하는 방법으로 관리들이 피지배층에서 돈을 거둬들여 먹고 살던 과거의 코르믈레니에kormleniye 관행은 금지되고 봉급제가 도입되거나 더 많게는 토지가 제공되는 포메스티예pomestiye 체제가 확대되었다. 자부심으로 가득해 서로 반목하던 귀족층은 국가에 의지하는 공직 상류층으로 서서히 바뀌어갔다.

앞선 이반 3세의 노력을 바탕으로 이반 4세는 세습과 신성한 권리로 정통성을 얻으면서도 권력은 대귀족, 지주, 교회, 도시민, 농민 등 사회의 다양한 구성원을 중재하고 대변하는 능력에서 나오는 새로운 왕정을 만들어냈다. 이들 구성원은 젬스키 소보르(전국 회의)에 대표자를 보냈지만 강력한 왕권 아래 허수아비 신세를 벗어나지 못했다. 야망과 열정에 불탔던 이반 4세는 개혁의 성과를 활용해 국경을 안전하게 하고 영토를 확장하고자 했다. 거기서 거둔 큰 성공은 역설적이게도 러시아의 문 앞에 완전히 새로운 위협을 가져오게 된다.

제국으로의 성장

이반의 강한 국가 구상 속에는 귀족들의 돈을 끌어 모아 유지되는, 그리하여 귀족의 충성도와 효율성에 의존해야 하는 봉건 군대를 군주제 군대로 바꾸는 것도 포함되어 있었다. 1550년 왕에 소속된 부대인 스트렐치streltsy('사수'라는 뜻)가 만들어졌다. 귀족들은 여전히 말을 타고 싸웠지만 스트렐치는 러시아 전통 전투용 도끼 베르디슈berdysh(긴 자루 끝에 초승달 모양의 도끼날이 달린 형태임 – 옮긴이)와 더불어 초기 총기류인 아퀴버스arquebus(화승총으로 '고정용 갈고리가 달린 총'을 뜻함 – 옮긴이)로 무장한 보병이었다. 더 중요한 점은 징집병도, 귀족도 아닌 도시와 시골 출신 자원병이라는 점이었다. 스트렐치 복무는 대를 이어 평생 이을 수 있었고, 급여 외에도 작은 토지를 받았으며, 훈련이나 전투가 없을 때에는 장사나 수공업에 종사하며 수익 활동을 할 수 있었다.

이 부대는 자신의 안전을 확보하려는 이반의 지속적인 바람이 표현된 것이었으며 크렘린 수비 병력이자 대귀족의 힘이 닿지 않는 모스크바 경찰력으로 기능했다. 더 나아가 러시아 군사력을 증강시킴으로써 계획되거나 계획되지 않은 국경 확장을 가능케 했다. 스트렐치가 처음 동원된 전쟁은 1552년의 성공적인 카잔 한국 정복이었다. 이반은 자기가 어릴 때 침략을 감행한 한국에 대해 잊지 않았고 오래 지속된 그 위협을 완전히 끝장낼 작정이었다. 러시아 측은 전통 목재 건축 기술을 발휘해 1551년 단 4주 만에 볼가강변에 스뱌쥬스크Sviyazhsk 요새를 건설했다. 우글리치강 상류에서 제작된 부품을 강물에 띄워 내려 보내는 방식이었다. 다음 해 여름, 이반은 군대를 진격시켜 카잔을 포위하고 대포 150문으로 공격해 함락시켰다. (출처가 의심스러운) 카잔의 연대기에 따르면 11만 명이 사망하고 러시아 노예 6만 명 이상이 풀려났다고 한다.

그 남쪽은 이미 이반의 땅이었다. 남아있던 아스트라한 한국은 1556년에 합병되었다. 하지만 이반은 이러한 영토 확장의 진정한 의미들을 제대로 파악하지 못했던 것 같다. 우선 러시아는 단일한 민족이 공통 신앙을 갖는 동질적인 국가의 모습을 더 이상 유지할 수 없게 되었다. 국경이 확장되면서 새로운 민족과 문화, 종교가 유입됐다. 몽골 한국의 투르크계 무슬림 신자들이 그 예이다. 또한 러시아는 흑해와 카스피해 사이 땅에 제국적 야심을 갖고 있던 오스만 제국과 직접적인 갈등을 빚기 시작했다. 여러 세기에 걸친 러시아-투르크 전쟁의 첫 시작인 1569년 전투에서 오스만인들은 아스트라한 공격을 시도하지만 실패했다. 1571년에는 최후의 한국인 크림 한국이 오스만의 지원을 믿고 모스크바 성벽까지 밀고 들어오기도 했다. 한마디로 이반은 위협 요인을 제거하려다가 적을 만든 셈이었다.

서쪽에서의 상황도 마찬가지였다. 러시아는 발트해 접근 권한과 돈이 되는 교역로를 두고 스웨덴, 리투아니아, 폴란드, 덴마크와 경쟁을 벌였다. 1558-1583년의 리보니아 전쟁은 러시아와 서구의 산발적인 전투로 승자 없는 교착상태가 계속되면서 휴전으로 끝났다. 하지만 이 과정에서 러시아는 수천 명의 병력, 막대한 재원, 그리고 영토의 일부를 잃었다. 그러나 러시아라는 국가가 부상해 북유럽에서 군사 대결을 벌이게 되었다는 사실은 매우 중요하다. 상대적으로 무시할만한 변방의 존재를 벗어난 주역 국가, 당대의 유럽 패권국들에게 심각한 위협을 가하는 존재로 변모한 것이다. 이반 4세의 제국 건설이 낳은 결과였다.

그 시기 러시아의 진정한 영토 확장은 동쪽의 숲과 스텝 지역에서 이루어졌다. 시베리아 한국이 느슨하게 지배하던 그곳은 모스크바 눈에는 개척해야 할 땅으로 보였다. 부유한 스트로가노프Stroganov 가문을 비롯한 야심 넘치는 모험가들은 국가로부터 탐험비를 지원 받아 토지를 차지하고 '부드러운 황금', 즉 모피를 얻기 위한 요새를 세웠다. 이득은 세금 징수와 교역 통제에서 나왔다. 유럽인들이 신세계를 정복할 때 그랬듯 제국, 상인, 개척과 세금이 함께 진격했고 관료제가 뒤따랐다. 세금을 징수하기 위해서는 확장되는 영토를 어떻게든 관리해야 했다. 그래도 한참 동안 그곳은 배교자, 망명자, 상인, 탐험가, 민간선박 선장들, 부당이익을 좇는 사람 등 온갖 이들이 몰려드는 열린 공간으로 남았다. 다음 세기 동안 러시아 영토는 매년 약 3만 5천 평방킬로미터만큼씩 늘어났다. 오늘날의 네덜란드 영토 혹은 메릴랜드 주 정도의 넓이다. 이반은 약간의 이익을 기대했을 뿐인데 갑자기 제국을 건설하고 말았다.

공포정치와 피해망상증

유럽식의 전쟁이나 행정 관리는 개인 중심의 통치 전통과 잘 맞지 않았고 결국 이반은 혼란을 맞았다(이는 훗날 내전과 외침이 이어지는 '동란의 시대'로 연결된다). 어린 시절의 트라우마, 서서히 이반을 절름발이로 만든 골질환의 고통, 주기적인 피해망상증 등 이유가 무엇이었든 안전에 대한 욕구는 점점 변덕스럽고 파괴적인 모습을 띠어갔다.

1560년 이반의 첫 아내 아나스타샤 로마노브나가 사망했다. 영국 모스크바 상회의 상인 제롬 호시Jerome Horsey가 "다정함과 지혜로 이반을 지배하는 존재"라고 묘사했을 정도로 이반에게 위로가 되어주던 인물이 사라진 것이다. 이반은 어머니처럼 아내도 독살당한 것이라는 의심을 품었다. 뿐만 아니라 리보니아 전쟁에서 전세가 밀리기 시작했고, 개혁에 대한 저항이 이어졌으며 1564년에는 측근에서 보좌하던 안드레이 쿠르브스키 공이 리투아니아로 망명하는 사건까지 일어났다. 어린 시절부터 이반이 품었던 귀족에 대한 불신은 한층 증폭되었다.

이반은 요새도시 알렉산드로바 슬로보다Aleksandrova Sloboda로 물러나 퇴위를 선언했다. 반역 행동을 일삼고 부패한 대귀족들, 그리고 그 죄를 덮어주는 교회를 이유로 들었다. 과감한 승부수였다. 대귀족과 교회에게는 이반을 대신할 통치자가 없었다. 더욱이 이 선언은 모스크바 시민들이 대귀족과 교회를 향해 분노를 표출하는 계기가 됐다. 외부의 침략이 두렵고 고향에서도 공격받을 위험에 처한데다가 나라가 내전 상태로 휘말릴 지경이 되자 이들은 백기를 들고 이반에게 돌아와 달라고 빌었다. 이반은 조건을 걸었다. 자신이 배신자라고 여기는 사람은 누구든 처벌할 수 있는 무제한의 권리를 달라는 것이었다. 그렇게 절대 권력이 확보되었다.

그렇다고 이반이 대귀족들과의 약속에만 의존하지는 않았

다. 그는 나라 안의 나라인 오프리치니나Oprichnina('예외지역'이라는 뜻)을 만들었다. 북쪽의 옛 노브고로드 공화국 지역을 자기 개인 소유 영지로 삼은 것이다. 나머지 러시아 땅은 젬시치나Zemshchina('땅'이라는 뜻)라는 이름으로 대귀족 회의가 관할하게 했다. 그리고 자기 새 영지 안에 경호와 법 집행을 담당할 군대 오프리치니크Oprichnik를 키웠다. 오프리치니크는 젬시치나로 파견되어 이반의 분노를 산 귀족을 숙청하기도 했고 심지어는 1570년 노브고로드에서 한 달에 걸친 대학살과 강간 사태를 벌이기도 했다.

오프리치니크는 검고 긴 수도사복을 입었고 (쿠르브스키 공은 이 때문에 이들을 '어둠의 자식들'이라 부르기도 했다) 개 머리와 빗자루를 들고 다녔다. 차르의 충견이 되어 적들을 쓸어버린다는 의미였다. 그 어떤 사적 병력도 따라가지 못할 만큼 가혹하고 착취적이었다. 점차 차르조차도 제대로 통제권을 행사할 수 없게 되었고, 오프리치니크들은 아무 제한 없이 습격과 약탈을 일삼았다. 농민들이 땅을 버리고 도망치면서 식량 부족과 교역 위기가 닥쳤고 차르는 경호를 위해 만들었던 군 조직에 포로가 되다시피 했다.

1572년, 크림 한국이 모스크바를 함락시키기 직전에 이르고 나라가 두 동강 날 위기가 닥쳤다. 오프리치니크들이 이미 통제 불능 상태라고 우려하던 이반은 하루아침에 오프리치니나를 폐지하고 모스크바로 돌아왔다. 하지만 차르와 대귀족 사이의 옛

균형이 회복되리라는 희망은 곧 깨졌다. 이반은 귀족보다는 측근에 의지했고 늘 배신과 음모를 의심했으며 더욱더 잔혹하게 진압했다. 희생자들은 교수형이나 단두대형을 받는 데 그치지 않고 온몸이 잘게 잘리거나 곰 가죽에 꿰매지고 개들에게 물어 뜯겨 죽기도 했다. 그래도 이반의 의심은 그치지 않았다.

이반의 통치는 위기와 혼란 속에 막을 내렸다. 그는 휘하 장군들까지 불신했고 리보니아 전쟁 마지막 몇 년 동안은 장군 한 명 한명마다 사람을 붙여 감시했다. 소비에트 정치국의 감시자들처럼 말이다. 의심과 절박감이 귀족사회를 분열시켰다. 경제는 전쟁, 과도한 세금, 도둑과 강도, 인구 감소로 망가졌다. 비옥한 토지는 경작할 일손이 없어 방치되었다. 농부들이 굶어죽거나 모스크바의 힘이 닿지 않는 남쪽과 동쪽으로 도망쳤던 것이다. 농부가 어찌나 귀했는지 지주들은 서로의 영지에서 농부를 납치하는 일도 서슴치 않았다. 그 와중에 황태자 이반이 아버지 손에 죽음을 맞으면서 후계자라고는 종교에 빠진 어린 표도르만 남았다. 나라의 힘을 모으고 일으켜 세울 자질이 없는 게 분명한 인물이었다. 이반 뇌제 이후 러시아에서는 '종지기'라는 별명으로 불린 표도르의 통치가 시작됐다.

이런 상황은 지속될 수 없었다. 베네치아의 외교관 암브로지오 콘타리니Ambrogio Contarini는 길고 혹독한 겨울에 얼어붙은 모스크바 강 위에서 열린 시장을 보고 놀랐다. 도축된 고기가 몇 주, 심지어 몇 달도 버틸 만큼 꽁꽁 언 채 진열된 모습이 인상적으로 다가온 것이다. 더 나아가 "비쩍 말라 가죽만 남은 소들이 제 발로 서 있을 수 있다는 게 놀라웠다"고 기록을 남겼다. 1584년 무렵 러시아의 국가 시스템은 그 소들과 비슷한 모습이 되어 버렸다. 이미 죽은 채 가죽만 남았지만 얼어붙은 덕분에 서 있을 수 있는, 하지만 곧 푸주한의 도끼날에 고기가 되어 버릴 존재 말이다.

동란의 시대와 로마노프 왕조의 등장

1584년, 이반은 체스 게임 중에 찾아온 뇌졸중으로 사망했다. 신심 깊고 심약한 표도르(재위 1584-1598)가 왕위에 올랐지만 실권은 로마노프와 고두노프 두 가문, 특히 표도르의 손위 처남 보리스 고두노프에게 있었다. 다시 한 번 궁정은 가문 간의 치열한 경쟁 무대가 되었다. 고두노프는 경쟁자 벨스키 가문을 1584년에, 그리고 슈이스키 가문과 나고이 가문을 1587년에 제거했다. 그 동안 차르 표도르는 전국의 교회를 찾아다니며 타종 행사에 참여했다.

　　국가의 위기는 그치지 않았다. 1590년, 고두노프는 스웨덴과 전쟁을 시작했다. 신속하게 뭔가 얻어낼 것이라 기대했지만 5년 후에야 맺어진 테우시나Teusina 조약으로 러시아가 얻은 것은 거의 없었다. 농민들은 계속 도망쳤고 농업이 붕괴되자 도적질과 식량난의 악순환이 이어졌다. 1598년에 표도르가 후사 없이 사망하면서 류리크 왕조는 끝이 났다. 고두노프가 기회를 잡았고 그의 편에 섰던 대주교 욥이 젬스키 소보르 전국회의에서 그를 차르로 추천했다. 두려움 때문이었는지, 진정한 확신 덕분이었는지 알 수 없지만 만장일치로 그가 선택되었다.

고두노프(재위 1598-1605)가 새로운 차르로 즉위했다. 오프리치니크 출신인 그는 머리가 좋은 야심가였고 무자비한 성향이었으나 유능했다. 하지만 그는 신이 아닌 인간이 세운 왕이었고, 이 약점은 그의 모든 자질을 무의미하게 만들었다. 그의 치세 동안 일어난 기근은 신이 그를 인정하지 않는다는 의미로 받아들여지면서 농민 봉기가 이어졌다. 1604년 표도르의 이복형제인 드미트리를 자처하는 사람이 나타나(실제 드미트리는 1591년에 사망했다) 폴란드를 등에 업고 왕권을 차지하려 했다. 류리크 왕조가 되살아났다는 데 흥분한 러시아인들은 이를 지지했다. '가짜 뉴스'는 일찍이 16세기부터 정권을 뒤흔들었던 셈이다.

1605년, 고두노프가 사망하자 16세인 아들 표도르 2세가 차르가 되었지만 두 달 만에 살해당했다. 신이 부여한 권리가 아닌 이상 그 어떤 인물도 다른 인물보다 나을 게 없었던 것이다. 이후 8년의 시기를 '동란의 시대'라 부른다. 가짜 드미트리가 스스로 차르 지위에 올랐으나 곧 죽임을 당했다. 쿠데타, 음모, 반란, 새로운 세력 부상이 반복되었다. 또 다른 가짜 드미트리가 나타났고 폴란드의 침략도 일어났다.

'동란의 시대'는 결국 장기적으로 이어진 세 과정이 합쳐진 것이었다. 첫 번째는 왕조의 위기다. 하늘의 뜻으로 지위가 정당화되는 통치자라는 체계는 왕조의 교체를 수용하지 못했다. 귀족층이 중앙집권화된 군주제에 저항하려는 상황에서는 더욱 그러했다. 동란의 시대를 거치면서 귀족은 몰락하게 되었다. 두 번째는 사회·경제적 위기다. 세습 대귀족들이 공직 계층과 싸움을 벌였고 땅을 버리고 도망치는 농민들은 양측 모두의 기반을 무너뜨렸다. 통치자가 두 계층으로부터의 도전을 수습하고 국가 공복으로 변화시키기 위해서는 '동란의 시대'가 필요했다고 볼 수 있다. 마지막으로 지정학적 위기라는 측면이 있다. 러시아가 성장하면서 남쪽의 크림 타타르와 오스만, 서쪽의 폴란드와 스웨덴 등 새롭고 강력한 위협 요소와 대면할 수밖에 없었다. 러시아는 당시 유럽에 등장하게 된 국가 형태, 즉 근대적 세금 징수 체제와 군대 양성 능력을 갖춘 국가로 거듭나는 과정에서 '동란의 시대'를 필요로 했던 것이다.

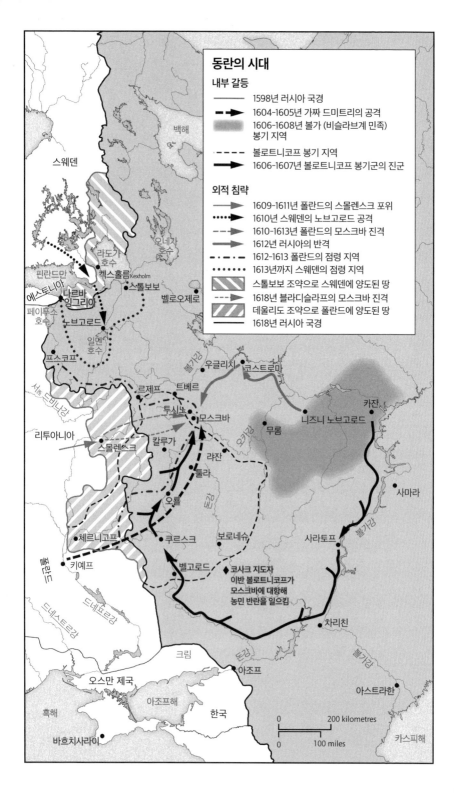

러시아인을 벗겨보면…… 비잔틴 사람이 나올까?

이 시대 러시아의 정치 문화와 제도가 몽고 타타르의 유산 위에 비잔틴의 화려함을 살짝 덧씌운 것인가의 여부를 두고 학계의 논란이 뜨겁다. 물론 이렇든 저렇든 그게 뭐 중요할까 싶기도 하다. 러시아 정교회 성인들은 새로운 이야기와 후광을 덧씌운 이교 신들인 경우가 심심치 않다. 러시아 유력 가문의 족보를 살펴보면 슬라브, 바이킹, 타타르가 섞여 있는 게 기본이다. 전통적인 민회 '베체'는 고대 슬라브 전통에 기원을 두지만 바이킹 통치회의 '씽thing'의 모습도 섞여 있다. 핵심은 서로 다른 개념과 관행이 어디서 왔는지가 아니라 어떻게 받아들여져 어떤 의미를 지니고, 나름의 형태로 실현되어 이후의 국가와 민족에 영향을 미쳤는가 하는 것이다.

이전까지 러시아는 여러 문화들이 차례대로 각자의 이상과 의도를 써내려간 캔버스였다. 이들 문화적 각인의 일부는 살아남아 이후 세대에게 미화 혹은 강조되었고, 다른 일부는 겹쳐쓰기 아래에서 지워졌다. 모스크바 공국이 부상하기 전까지 이 과정에서 러시아 인들의 역할은 자극에 반응하는 정도, 심지어는 수동적인 차원에 그쳤다. 반면 이후부터는 적극적으로 자신의 모습을 규정해갔고 이를 위해 바깥으로 시선을 돌렸다.

차르라는 명칭만 해도 그렇다. 이는 로마 황제로부터 모방

한 것이고 여기 더해 동로마 제국의 쌍두 독수리까지 상징으로 결합시켰다. 로마와 콘스탄티노플 황제가 자신을 신성화했듯이 차르도 오로지 신에게만 복종하고 신의 위임을 받는 성스러운 통치자였다. 이반 4세가 배신자 쿠르브스키 공에게 분노의 편지를 쓰면서 이제 러시아는 '신의 뜻에 따라 전제군주국'이 되었고 자신은 '진실한 정교도 전제군주'라 했듯 말이다.

오스트리아 외교관 지그문트 폰 헤르베르슈타인Sigismund von Herberstein이 이반 4세에 대해 쓴 글을 보면 대귀족들이 "그 찬란한 위업에 압도되거나 공포에 질려서 복종했다"고 나온다. 아마 후자의 경우가 더 많았을 테지만 한 개인의 권력이 공포에 기반한 것이라면 그 권력은 유지하기 어렵다. 이반 3세와 4세는 신이 권리를 부여한 전제군주정의 이념적, 제도적, 더 나아가 미학적 기반을 만들었다. 그러나 농민에서 대귀족에 이르는 러시아인들이 이런 통치자를 혼란과 굶주림, 외적 침략에 대한 대안으로 감사히 받아들이기까지는 '동란의 시대'라는 총체적 위기가 필요했다.

결국 1613년 젬스키 소보르(전국회의)가 16세의 미하일 로마노프에게 통치권을 주었다. 차르를 원하고 필요로 한 끝에 마침내 차르를 만들어낸 것이다. 미하일 로마노프는 키예프 루시 시대까지 거슬러 올라가는 유서 깊은 가문 출신에 강력한 총주교 필라레트의 아들이라는 점에 이르기까지 손색 없는 인물이기는 했다.

하지만 진실은 지친 러시아가 안정된 미래를 원했다는 데 있었고 미하일은 바로 그 안정을 줄 수 있는 인물이었다. 그는 1645년까지 통치했으며 그의 왕조는 1917년까지 지속된다.

더 읽어볼 자료

이반 4세라는 복잡한 인물의 전기로는 안드레이 파블로프Andrei Pavlov 와 모린 페리Maureen Perrie가 쓴 《Ivan the Terrible》(피어슨, 2003), 그리고 이사벨 드 마다리아가Isabel de Madariaga가 쓴 동명의 책(예일대 출판부, 2006)이 가장 좋다. 로버트 크럼니Robert O. Crummey의 《The Formation of Muscovy 1304-1613》(롱맨, 1987)은 양이 많지만 그만큼 상세한 책이다. 다른 분위기를 원한다면 오프리츠니크가 이후 차르 러시아에 다시 등장하게 된다고 상상하며 쓴 짧막한 SF 작품인 블라디미르 소로킨Vladimir Sorokin의 《Day of the Oprichnik》(파라 스트라우스 기루, 2011)이 있다.

4
돈은
전쟁의 혈관이다

표트르 대제

주라브 체레텔리Tsereteli, 〈표트르 대제〉, 1997년 (©Mark Galeotti)

짧고 굵게 읽는 러시아 역사

프레치스텐스카야Prechistenskaya 거리에 줄지어 선 대저택들, 맞은편 예술 공원의 조각 정원, 그리고 구舊 붉은 10월 초콜릿 공장에 들어선 개성 넘치는 주점들 사이를 흐르는 모스크바 강변에는 표트르 대제(재위 1682-1725) 입상이 98미터 높이로 우뚝 서 있다. 천 톤에 달하는 철, 동, 구리로 불멸의 존재가 만들어진 것이다. 1997년 모스크바 시장이었던 유리 루슈코프는 개인적으로 좋아하는 조각가 겸 건축가 주라브 체레텔리에게 기념비 건립을 맡겼다. 대부분의 모스크바 시민들이 이 작품을 혐오한다. 애초에는 표트르 대제를 염두에 두지도 않았던 것으로 보인다. 현재 체레텔리가 부인하고 있지만 처음 설계는 크리스토퍼 콜럼버스의 1492년 미국 항해 500주년을 기념한 것이었다는 주장이 지배적이다. 하지만 여기에 자금을 대줄 만큼 어리숙하고 심미안 떨어지는 미국인이 끝내 나타나지 않으면서 체레텔리는 머리 부분만 표트르 대제로 바꿔치기한 후 러시아 해군 창설 300주년 기념상이라고 시장을 설득했다. 그리하여 지금의 결과물이 만들어진 것이다.

여기서 역사를 한번 짚어볼 필요가 있다. 일단 첫 번째로 모스크바를 끔찍이 싫어해 북쪽에 상트페테르부르크라는 새 수도를 건설한 왕에게 굳이 그런 기념상을 바친다는 것이 무척 아이러니하다. (루슈코프가 시장 직에서 쫓겨났을 때 모스크바 시는 이 표트르 상을 상트페테르부르크에 보내려 했지만 시 의회에서 "위대한 우리 도시의 모습을 망치고 싶지 않다"며 거절했다.) 두 번째로 이탈리아 사람 크리스토포로 콜롬보Cristoforo Colombo를 러시아의 표트르로 바꿔치기한 것은 대제가 이끈 여러 개혁에 대한 강력한 메타포가 된다. 표트르 대제는 근대화와 서구화를 이끌었지만 어째서 러시아가 유럽과 다른 모습인지에 대한 근본적인 고민 없이 겉모습만을 바꾸려 했다. 예를 들어 러시아 귀족들은 긴 수염을 자르든지 아니면 특별 세금을 내라고 강요 받았다. 하지만 유럽식으로 말끔하게 면도한 얼굴을 했다고 해서 저절로 유럽식 사고가 가능한 것은 아니다.

그럼에도 표트르 대제를 로마노프 러시아의 결정적 인물로 보는 생각은 이해할 만하다. 이것이 세 번째 측면이다. 기념상이 그렇듯 대제 역시 주변 사람들 틈에서 우뚝 솟아 있는 인물이었다. 남자 평균 신장이 168센티미터이던 시대에 2미터가 넘었다는 신체적 특징에서도 그렇고 끝없는 열정에 불타며 치과치료술(가엾게도 신하들이 치료 연습 대상이 되었다)에서 시계 제작에 이르기까지 온갖 신기술을 배우려 들었다는 점에서도 그렇다. 바깥 세상에 대해서도 호기심이 넘쳐 러시아 통치자로서는 최초로 유럽 곳곳을 여행했다. 그럼에도 표트르 대제의 통치 방식은 그 전부터 이어진 흐름의 정점을 찍는 것에 불과했다. 대다수의 개혁은 로마노프 선대 차르들의 정책에 뿌리를 둔 것이었고, 그가 내린 명령은 자신의 의지라기보다는 제반 상황에 좌우된 것이 많았다.

마지막으로, 표트르가 싫어했던 도시에 그의 최대 규모 기념비가 세워지게 된 것처럼 표트르 대제 치세는 온통 아이러니였다는 점이 있다. 표트르는 러시아 국가주의자로서 귀족들에게 유럽을 배우도록 하고 서구 전역에서 새로운 사상과 기술을 도입했지만, 아시아 특유의 전제 정치를 법규화하고 국가에 대한 봉사를 지위의 유일한 토대로 만들기도 했다. 유럽의 매력적이고 유용한 측면만을 쏙쏙 뽑아 러시아에 도입하려면 할수록 이를 러시아의 성스러운 사명, 혹은 세계 속 특별한 위치 때문이라고 정당화시킬 방법을 찾아야 했다. 근대 유럽 문화를 구현하기 위한 바탕이 유라시아 봉건 체제라는 것은 최악의 모순이 아닐 수 없었고, 이는 새 수도 상트페테르부르크 건설 과정에서 극명하게 드러났다. 프랑스와 이탈리아 건축가들이 설계한 환상적인 도시를 짓는 과정에서 농노 50만 명이 동원되었고, 수만 명이 죽음을 맞았던 것이다.

로마노프 왕조의 등장

'동란의 시대'로부터 탄생한 것은 로마노프 왕조뿐만이 아니었다. 새로운 이야기, 즉 러시아는 강력한 단일 지도자를 중심으로 모든 계급과 민족이 단결하지 않는 한 수많은 적들의 먹잇감이 되고 만다는 새로운 사고가 형성되었다. 이는 러시아 제국의 토대가 되었고, 밀려오는 적들에 포위된 상황에서 선하고 올바른 모든 것(여기에는 진정한 신앙도, 무정부주의나 반역의 혼란에 맞선 합법적 통치 체제도 포함되었다)을 수호하는 존재라는 국가 이미지도 여기서 만들어졌다. 하지만 이는 필연적으로 긴장 관계를 낳았다. 서구 기술을 받아들이지 않으면서 어떻게 국경을 수호하고 러시아의 이익을 지키며 국내 질서를 유지할 것인가? 사회적 정치적 변화를 동반하지 않은 채 기술을 도입하는 일이 가능할까? 그 답은 '아니요'일 수밖에 없었지만 수세기 동안 차르들은 이를 시도했다. 그리하여 위험과 역설이 뒤섞인 성장과 힘의 시대가 펼쳐지게 된 것이다. 국외의 전쟁과 국내의 반란이 계속되면서도 제국이 팽창하고 국가적 자부심이 성장하는 17세기 말이다.

로마노프 왕조의 1대 차르인 미하일(재위 1613-1645)은 무난하다는 이유로 선택되었겠지만 그는 예상을 뛰어넘는 탁월한 치세를 보여줬다(물론 부분적으로 이는 아버지 필라레트Filaret 총주교의 역할 덕분이었다). 미하일의 즉위식은 몇 주간 미뤄졌다. 연이은 전쟁과 반란으로 모스크바가 헐벗고 굶주린 상태여서 식을 열 상황이 아니었기 때문이다. 하지만 1645년 그가 사망할 무렵, 스웨덴 및 폴란드와 평화 관계가 구축되고, 서부 국경에 군대가 배치되었으며(그 일부는 이후 표트르 대제 때의 스트렐치 부대 반란으로 이어진다) 코사크 용병, 모피 상인 겸 모험가들, 그리고 혜안 있는 귀족 등이 묘하게 폭력적으로 결합되어 시베리아에서 러시아의 영향력을 확대한 상태였다. 1639년에는 코사크 용병들이 태평양 해안까지 도달하기도 했다. 그 뒤로 성채, 세금 징수원, 선교사, 천연두가 따라갔다. 천연두는 그 어떤 총이나 검보다도 잔혹하게 시베리아 여기저기 흩어져 살던 원주민들의 목숨을 앗아갔다.

확장하고 경쟁하려는 충동을 내부의 안정과 어떻게 조화시킬 것인가는 늘 숙제로 남아있었다. 마하일의 뒤를 이은 알렉세이(재위 1645-1676)는 겸손한 성품으로 '온화한 알렉세이'라는 별칭을 얻었지만 폴란드와 스웨덴이라는 전통적인 적수, 그리고 새로운 도전자 페르시아와 전쟁을 치렀고, 코사크 반란으로 볼가강변의 도시들이 불타는 상황을 맞았다. 페레야슬라프 조약에 따라 사상 최대 규모에 이르렀던 코사크 공화국은 오늘날의 우크라이나 영토 많은 부분과 함께 차르의 통치 하에 들어갔다. 가장 탄탄하고 굳건한 제도로 여겨지던 러시아 정교회 또한 분열되었다. 알렉세이는 러시아의 딜레마를 피해가지 못했다. 한편으로 그는 외국의 새로운 사상이 점점 영향력을 키워가는 것에 분노했다. 그리하여 1652년, 모스크바에 '독일 구역German Quarter'(여기서 독일은 모든 외국인을 뜻했다)을 만들어 대사관, 외국인 거주지와 종교시설을 모두 그 안에 몰아넣기도 했다. 1675년에는 궁정 신하들이 (사석에서까지도) 서구의 옷차림이나 생활방식을 따라하지 못하도록 금지했다. 하지만 부유한 러시아인들은 이국적인 것에 열광했고, 러시아라는 국가에도 이방인들의 돈과 기술, 군사 경험이 필요했다. 서구 방식을 경멸했다는 알렉세이가 스코틀랜드 출신 로마 가톨릭 용병 패트릭 고든Patrick Gordon을 아들 표트르의 개인 교사로 삼은 것은 주목할 만하다. 고든은 어린 황태자의 열정과 흥미를 이끌어내는 데 중요한 역할을 한 여러 외국인들 중 한 명이었다.

구舊 신앙과 신新 신앙

이 긴장감은 특히 교회에서 두드러졌다. 세속 권력에서는 '동란의 시대'가 국내의 취약함이 국외로부터의 위협을 가져온다는 교훈을 남긴 반면, 종교계에서는 '동란의 시대'를 러시아인 그리고 러시아식 전례에 대한 신의 불만족으로 해석하는 의견이 대두되었다. 1625년 모스크바와 전 루시의 총주교가 된 니콘Nikon도 그 중 한 명이었다. 마지못해 맡은 직분이기는 했지만 일단 총주교 위치에 오른 그는 달변과 권력을 총동원하여 교회 정화에 나섰다. 그리스 비잔틴 원형에서 너무 많이 벗어난 교회를 바로잡겠다는 것이었다.

당시 그리스의 의식과 예배가 새로 도입되었다.(목숨이 아깝다면 그리스보다는 당시 러시아가 옛 비잔틴 전통에 더 가깝다는 역설을 언급해서는 안 됐다.) 새로운 양식의 이콘 성화는 금지되었다. 니콘 추종자들은 모스크바 전역의 교회와 가정집에 들어가 이콘 성화를 압수해 불태웠다. 그 이콘을 그린 화가들은 눈알이 뽑힌 채 사방으로 끌려 다니며 구경거리로 전락했다.(성자와 종교적 장면을 그린 이 화풍의 발전은 실상 근대 초기 러시아 예술 문화의 핵심이었는데도 말이다.) 비잔틴 기준에서 지나치게 벗어났다고 여겨지는 교회는 파괴됐다. 예수의 이름을 쓰는 방법, 성호를 긋는 정확한 방식까지도 새로 정해졌다. 과거의 동지라 해도 변화를 따르지 않는 경우 파문당했다. 니콘 방식의 신앙은 폭력, 공포, 종교회의를 통해 강요됐다.

차르 알렉세이는 오랫동안 니콘을 총애했다. 1652년에는 모스크바 총주교를 맡아달라며 무릎을 꿇고 사정까지 했을 정도였다. 더 나아가 니콘은 차르의 오른팔이자 대리인 역할까지 맡았다. 폴란드와 스웨덴을 상대로 1654년에 시작된 1차 북방 전쟁 중 알렉세이가 전선에 나가 있을 때 니콘이 모스크바에서 섭정 통치를 했던 것이다. 하지만 시간이 흐르면서 두 사람의 관계에 갈등이 싹트기 시작했다. 차르의 세속 권력이 아무리 크다 해도 영적인 문제에서는 교회에 순종해야 한다는 것이 니콘의 생각이었다.

이는 교회의 권력과 특혜를 크게 줄인 1649년의 새 법령, 소보르노예 울로제니에Sobornoye ulozheniye에 불복하는 것이었다.

대귀족과 성직자들의 반대에 봉착하고 차르와도 거리가 멀어진 니콘은 이반 뇌제처럼 행동하기로 했다. 총주교의 자리를 버리고 모스크바를 떠나 수도원으로 들어가 버린 것이다. 반대파가 이성을 되찾고 자기한테 찾아와 빌기를 기다렸지만 그런 일은 일어나지 않았다. 8년 동안이나 니콘과 교회는 대립을 이어갔고 마침내 1666년, 최고 성직자들과 존경받는 신학자들이 모스크바 대공회에 모여 상황 타개를 시도했다(일부는 두둑한 현금과 모피를 대가로 약속받고 참여했다는 말도 있다). 그리고 니콘의 개혁은 받아들이되 니콘을 파직하고 먼 수도원으로 보내 감시 받게 한다는 결정을 내렸다. '라스콜Raskol(분열이라는 뜻)'이라 불리는 이 종교 대분열로 변화를 거부한 전통주의자 구舊 신자들은 배교자로 선포되었고 이후 무려 3세기 동안 박해를 받았다. 모스크바 총대주교좌가 이들에 대한 파문을 마침내 거두어들인 것은 1971년이 되어서였다.

성호를 어떻게 그어야 옳은가 하는 문제는 몇 세대에 걸친 원한과 종파 대립, 살인과 유형을 낳기에는 사소해 보인다. 하지만 니콘 시대의 종교 분쟁은 러시아가 서서히 전통을, 세상 속 고유한 지위를, 영혼을 잃어가고 있다는 더 큰 두려움을 반영한 것이었다. 물론 개혁가들이 러시아인의 영적 삶을 되돌리고자 했

짧고 굵게 읽는 러시아 역사

던 그 무언가가 애초부터 존재한 적이 없었다는 점은 아이러니다. 개혁가들은 당시의 그리스 전례를 비잔틴 본래의 것으로 오해했고, 교회와 차르의 완벽한 분리를 '복원'하려 했다. 콘스탄티노플의 황제도, 키예프 공후도 알지 못했던 상태로 말이다. 역사를 내세우지만 실은 과거를 재창조해버리는 일이 다시 한 번 일어났던 것이다.

두 차르의 한시적 공존

그러는 동안 속세의 국가는 근대화를 향해 조금씩 움직이고 있었다. 알렉세이의 후계자 표도르Fyodor 3세(재위 1676-1682)는 러시아 최초의 고등 교육기관인 '슬라브-그리스-라틴 아카데미Slavic-Greek-Latin Academy'를 세웠다. 볼로냐와 옥스퍼드에 대학이 세워진 지 거의 600년이 흐른 후였다. 가장 충격적인 것은 1682년에 메스트니체스트보mestnichestvo 관직 체제가 폐지된 것이었다. 귀족의 지위는 더 이상 출생만으로 결정되는 것이 아니었다. 이를 대신해 능력중심 체제가 도입되었다. 적합한 사람에게 자리를 주는 방식이었다. (이는 차르의 임명을 가능케 했다. 개혁을 시도하는 차르는 심복들을 중용할 수 있었다.) 출신 가문에 딱 맞는 직위를 부여하기 위해 사용되던 (상대적으로 너무 낮은 직위를 주는 경우 결투까지 일어날 수 있었

다) 낡은 족보책, 백과사전처럼 복잡한 가계도는 상징적으로 보란 듯이 불태워졌다. 표도르는 그 해에 사망했다. 후손이 없었으므로 막내 남동생, 그러니까 아버지인 차르 알렉세이가 첫 결혼에서 얻은 아들 중 유일하게 살아 있던 이반이 계승해야 마땅했다. 하지만 15세의 이반은 병약했고 지적으로도 온전치 못했다고 한다. 나약한 차르가 즉위할 경우 러시아가 어떻게 될지 모른다고 걱정한 대귀족들은 이반의 이복 형제, 즉 알렉세이의 두 번째 아내가 낳은 9세의 표트르를 염두에 두었다. 하지만 밀로슬라브스키와 나리슈킨이라는 두 가문의 오랜 경쟁 관계는 미처 고려하지 못했다. 알렉세이의 첫 번째와 두 번째 아내가 각각 이들 가문 출신이 었던 것이다. 또한 이반의 누나 소피아 알렉세예브나의 거침없는 야심도 예상하지 못했다. 러시아는 아직 여성 차르를 맞을 준비가 안 되었을지 몰라도 소피아는 준비 된 상태였다.

소피아는 밀로슬라브스키 친척들과 함께 스트렐치 부대 반란을 부추기는 한편 표도르가 독살당하고 이반이 교살 당했다는 소문을 퍼뜨렸다. 서구식 새로운 군대에 밀려 특권이 사라지는 것에 분노하던 보수적 전통부대 스트렐치는 금방 동조했다. 모스크바에서 약탈과 폭동이 일어나자 대귀족 두마Duma 의회는 타협안을 찾았다. 늘 그랬듯 실용주의가 승리했고, 전통을 새로 만들어 냈다. 이반(재위 1682-1696)과 표트르(재위 1682-1725)가 두 명의 차르로 즉위하고 소피아가 섭정한다는 것이었다. 2인용 옥좌가 특별히 제작됐으며 즉위식에 사용되는 모노마흐관의 복제품이 서둘러 만들어졌고, 두 사람은 그 관을 하나씩 나눠썼다. 비잔틴의 의례는 이 전례 없는 상황을 정당화할 수 있게끔 크게 수정됐다.

이후 6년 동안 소피아는 측근이자 동시에 연인으로 추정되는 바실리 골리친Vasily Golitsyn 공의 도움을 받아 러시아를 통치했다. 이반은 기도와 순례, 화려한 궁정 의식으로 시간을 보냈고 표트르는 황실 영지인 프레오브라젠스코예Preobrazhenskoye에 머무르며 군대 놀이를 했다. 신하들과 또래 십대들의 장난은 시간이 가면서 백 명 규모, 그 다음에는 300명 규모의 진짜 강력한 군대로 성장했다. 소피아의 섭정 동안 비현실적으로 낙관적인 이름이 붙은 '러시아 폴란드 영구 평화협약'(1686)이 맺어지면서 러시아는 고대 도시 키예프 소유권을 확보할 수 있었다. 확대되던 제국의 반대편에서는 중국과 네르친스크 조약이 체결되었다(1689). 1687년과 1689년에는 크림 한국에 대한 원정도 이루어졌다. 이원정의 참혹한 패배는 적군이 강했기 때문이 아니라 광활한 영토를 통과해 국경까지 군대를 이동시켜야 했던 병참 문제 탓이었다.

소피아는 결국 스스로 여성 차르의 지위에 이르지 못했다. 그 대신 이반이 허약해지는 모습, 표트르가 강력해지는 모습을 지켜보아야 했다. 1689년, 17세의 표트르는 충분히 기다렸다는 결론을 내렸고, 소피아에게 물러나라고 요구했다. 소피아는 다시금 스트렐치 부대를 동원하려 했지만 대귀족과 스트렐치 그리고 표트르의 군대와 대립하는 상황에 처했다. 놀이로 시작한 표트르의 군대는 온전한 중대 두 개에 기병과 포병까지 갖춘 규모였다. 더욱이 이반마저도 표트르의 편을 들었다.

소피아는 노보데비치Novodevichy 수도원에 유폐되었다. 이반 뇌제의 며느리부터 보리스 고두노프의 여동생에 이르기까지 전통적으로 귀족 여성들이 갇히는 장소였다. 늘 계획에 철저했던 소피아는 자기 운명을 예감했는지 섭정 기간 동안 '새로운 여성들'이라는 역설적인 명칭의 이 수도원을 보수한 참이었다. 표트르는 22세까지 어머니의 섭정을 받았고 이반이 1696년 사망할 때까지 공동 군주를 지속했지만 실질적인 단독 차르였다. 권력은 그의 것이었다. 그 권력으로 그는 무엇을 하고 싶었을까?

표트르의 나라 건설하기

표트르 대제에 대해서는 알려진 바가 많다. 하지만 진정으로 이해된 부분은 많지 않다. 그는 카리스마와 에너지가 넘쳤지만 간질 발작과 안면 틱으로 고생했다. "나는 학생이고 선생님을 찾고 있다"는 자신의 좌우명대로 그는 늘 배우고자 했다. 군대 놀이에서도 전쟁을 바닥에서부터 배우기 위해 지휘관이 아닌 일개 포병수를 맡았다. 하지만 그의 관심은 지식보다는 실무에 맞춰져 있었다. 조국을 자랑스러워했지만 자기 신민보다는 외국인들의 존경을 얻는 데 더 결사적이었다. 권력을 잡기 위해 발버둥쳤지만 일단 권력을 쥔 다음에는 통치의 많은 부분에 무관심한 모습이었다. 즐거운 직무에만 열중하고 나머지는 게을리했다.

표트르는 어릴 때부터 군대놀이를 즐겨 했다. 1682년, 표트르는 스트렐치 부대의 거친 봉기에 잔뜩 겁을 먹었고 (삼촌 이반 나리슈킨, 그리고 자신을 지지한 신하 아르타몬 마트베예프가 난도질당해 죽는 장면을 눈앞에서 목격했던 것이다) 소피아의 심복이었던 골리친이 크림원정에 두 차례나 실패하면서 소피아가 통치 정당성을 비판 받게 되는 모습도 지켜봤다. 차르의 단독 권력을 잡는 데는 스스로 만든 개인 군대의 덕을 많이 보았다. 이런 표트르 입장에서 군사력은 자신의 안전을 보장하는 핵심이자 러시아의 핵심이었고 동시에 재미의 대상이었다.

표트르는 이전 차르들이 대부분의 시간을 보냈던 온갖 의례에 무심했고 종교적으로 맡은 역할에서도 그저 흉내만 냈다. 하지만 국정운영과 관련해서는 매우 실용적인 시각을 견지하고 있었다. 군사력이 병사들의 용감함 뿐 아니라 기술, 병참, 지휘통제 수준에 좌우된다는 점을 이미 깨달은 상태였다. 표트르가 근대화 개

혁가였는지의 여부는 여전히 논란의 대상이지만 러시아를 하루
빨리 강력한 국가, 존경 받는 국가로 만들고 전쟁에 승리하려는
열정에 넘쳤다는 점은 분명하다. 당시 러시아는 군사적으로 중요
한 위치에 있지 않았다. "타타르 빼고 차르의 군대를 두려워하는
존재는 없다"고 한 오스트리아 사절 요하네스 코르프Johannes Korb
의 냉정한 평가는 러시아를 더 이상 아시아로 보지는 않지만 그
렇다고 유럽으로 치지도 않는 서구 세계관을 드러내준다.

표트르는 이를 바꾸고 싶었고 이를 위한 대가를 치러야 했
다. 그는 "돈은 전쟁의 혈관이다"고 기록했다. 근대 국가의 초기,
사회보장이라고는 기껏해야 자선 행위, 최악의 경우에는 굶으며
버티기였던 그 시절에도 러시아는 여러 면에서 군사력 지원 체제
를 갖춰갔다. 1705년이 되면 중앙정부 예산에서 군사비 지출이
65-95퍼센트를 차지할 정도였다. 잘 기능하는 관료 체제, 효율적
인 조세 운영, 더 잘 훈련되고 전문적인 군대 체계가 마련될 필요
성이 있었다. 표트르는 일련의 개혁을 단행하며 이들 조건을 충족
시켜나갔다.

오랫동안 러시아 통치자들의 고민거리였던 농노제는 한층
더 견고해졌다. 농사, 건축, 전쟁 등에서 국가가 농민에게 의존했
기 때문이다. 750만 인구 중에서 농민 수십만 명이 표트르의 전
쟁과 건설 사업에 동원되어야 했고, 농민들을 남쪽이나 동쪽으로

도망치게 놓아둘 수 없었다. 도주를 막는 새로운 벌금이 도입되었고 1724년부터 농민들은 통행증 없이 자기 지역을 벗어나 여행하는 것조차 불가능해졌다. 벌통에서 오이에 이르기까지 모든 것에 새로운 세금이 부과되었다.

귀족들도 표트르의 개혁을 비켜갈 수 없었다. 신분에 따른 관직체계 메스트니체스트보가 폐지됨으로써 러시아에서 지위를 결정하는 방식이 이미 바뀐 상태였다. 여기 더해 1722년, 표트르는 14등급 관등표 체계를 도입해 귀족제의 근간을 또다시 바꾸어 놓았다. 신분 상승을 원하는 모든 귀족은 근무, 승진, 능력을 바탕으로 한 등급씩 올라가야 했다. 물론 정실주의, 부, 출생신분이 여전히 중요하게 작용하긴 했지만 원칙적으로 국가를 위해 일을 해야만 지위, 권력, 특혜 유지가 가능했다. 이에 못지않게 중요한 점은 일정 등급 이상 올라간 국가 공무원이 귀족 지위를 얻게 된다는 데 있었다. 8등급 문관과 무관은 세습 귀족 신분을 얻었다. 메스트니체스트보 체제에서는 지위가 일을 결정했지만 이제는 일이 지위를 결정하게 된 것이다. 귀족들은 국가의 충실한 종복으로 변신했다.

이는 교회에도 적용되었다. 예를 들어 수도원장은 5등급으로 주의원이나 준장과 동등했다. 과거 니콘 대주교는 교회가 국가로부터 독립적인 지위를 확보하도록 함으로써 혼란을 없애려 했던 반면 표트르의 해결책은 정반대여서 교회를 정부의 한 부처로 만들었다. 이는 권력뿐 아니라 돈의 문제였다. 교회는 거대한 토지를 소유하고 면세 혜택을 누리고 있었는데 표트르의 전쟁, 성립기의 해군, 재편된 군대 등에는 계속 막대한 돈이 필요했다. 교회 자산은 국가의 통제 아래 놓였고, 국가는 악착같이 돈을 뽑아 냈다. 가장 보수적이고 이민족에게 배타적인 기관이었던 교회에서 나온 재원은 개혁, 더욱이 외국인들이 활약하는 개혁에 사용되었다.

표트르의 여행

표트르는 일찍이 이방인들에게 매료되었다. 개인 교사인 스코틀랜드 출신 패트릭 고든, 그리고 스위스 용병 프란츠 르포르트Franz Lefort는 어린 표트르에게 커다란 영향을 미쳤다. (과거 독일인 구역이 있던 모스크바 남서쪽에는 지금도 그를 기려 르포르토보라 불리는 지역이 있다.) 러시아 해군의 할아버지 격으로 인정 받는 영국식 돛단배는 표트르가 이즈마일로보 마을에서 찾아내 네덜란드 사람이 보수한 것이다. 표트르의 첫 정부 안나 몬스Anna Mons는 독일인이었다. 전통적인 러시아의 기다란 카프탄 대신 표트르는 독일식 코트와 영국식 의복을 선호했고 1700년에는 모스크바 귀족과 공무원들

짧고 굵게 읽는 러시아 역사

에게 서구식 옷차림을 해야 한다는 칙령을 내렸다.

외국을 향한 열정이 가장 극적으로 표현된 것이 대大순방이었다. 1697년, 표트르는 스웨덴령 리보니아, 네덜란드, 잉글랜드, 독일과 오스트리아를 돌아보는 18개월의 대장정을 시작했다. 그는 '표트르 미하일로비치'라는 이름을 사용해 신분을 숨겼지만 위장 효과는 크지 않았다. 이는 쓸데없는 규범을 무시하거나 내키는 대로 술을 마실 수 있는(표트르는 기꺼이 그렇게 했다), 또한 원할 때 손을 더럽혀도 된다는 핑계에 불과했다. 표트르의 대순방은 오스만에 대항해 동맹관계를 확고히 한다는 외교적 목적도 있었지만 이는 실패로 돌아갔다. 유럽은 머지않아 스페인 왕위계승전쟁(1701-1714)에 휘말릴 상황이었고, 익숙한 이웃 나라 대신 멀고 잘 모르는 러시아와 손잡으려는 국가는 없었다.

그럼에도 호기심 넘치는 (게다가 제멋대로인) 차르에게 대순방은 서구, 서구의 방식과 기술, 미덕을 탐험할 둘도 없는 기회였다. 네덜란드에서 표트르는 배 건조술을 배웠고 새로운 해군을 건설해줄 조선 기술자들을 고용했다. (그리하여 해운이나 바다와 관련된 러시아어 단어 중 많은 수는 네덜란드어에서 왔다.) 영국에서도 "러시아의 차르보다는 영국의 해군 제독이 되는 편이 더 행복하다"고 말하면서 해군 및 근대 군주국가에 관련된 기술들을 배우고자 했다. 그러면서도 의회를 참관한 후에는 "영국식 자유는 러시아에는 맞

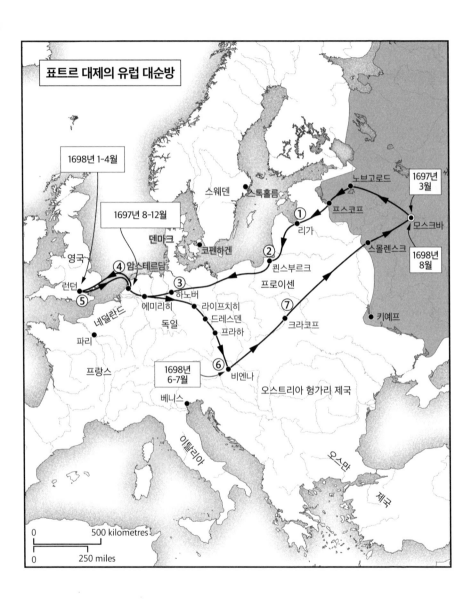

짧고 굵게 읽는 러시아 역사

지 않는다"는 결론을 내렸다고 한다.

대순방 기간 동안 러시아 통치는 표트르의 오른팔 표도르 로모다노프스키Fyodor Romodanovsky가 맡았고 그는 마치 차르가 계속 국내에 머무르는 듯 국정을 잘 운영해 나갔다. 하지만 1698년, 스트렐치 부대의 새로운 봉기 소식이 전해졌다. 표트르는 서둘러 귀국했다. 로모다노프스키가 이미 봉기를 진압한 후였으나 표트르는 단호한 조치를 취했다. (서구식 군대 구성에 낡은 장애물일 뿐이었던) 스트렐치 부대는 완전히 해체되었고 천명 넘는 봉기 세력은 태형이나 뜨거운 철판형을 당한 후 교수대나 단두대로 보내졌으며 사체는 대중 앞에 내걸렸다. 그 어떤 불복종도 용납하지 않겠다는 경고였다.

이러한 권위주의는 서구에서 배워온 교훈을 적용하는 과정에서도 명백히 드러났다. 1703년, 네바강 하구의 스웨덴 니엔스칸스Swedish Nyenskans 요새를 빼앗은 뒤 표트르는 군항과 새로운 수도를 한꺼번에 확보할 수 있게 되었다. 자신이 만들고 있는 해군의 근거지를 마련하고 동시에 모스크바를 떠나버릴 수 있는 기회였다. 러시아가 유럽식 도시를 세울 수 있다는 점을 과시할 기회이기도 했다. 네덜란드와 영국이 설계하고 이탈리아, 독일, 프랑스 건축가들이 구현해 낸 표트르의 새로운 수도 상트페테르부르크는 정말로 그런 도시가 되었다. 다만 '유럽을 향해 뚫린 창'이라

는 그 도시는 몹시도 러시아다운 방식으로 건설되었다. 표트르가
원하는 바를 이루는 과정에 농노, 죄인, 전쟁포로 수만 명이 동원
되어 목숨을 잃었다. 차르는 시간조차 바꿔버렸다. 1699년, 천지
창조를 출발점으로 하는 비잔틴 달력을 버리고 예수 탄생에서 시
작하는 서구 달력으로 옮겨간다는 칙령이 나온 것이다. 그리하여
7207년은 갑자기 1700년이 됐다.

표트르의 전쟁

턱수염과 건축, 교회 정책과 행정 개혁은 궁극적으로 모두 전쟁
을 위한 것이었다. 표트르가 그토록 필사적으로 만들어낸 현대식
군대와 해군을 실제로 활용할 기회 말이다. 그가 차르로 재위한
28년 중 러시아는 무려 23년 간 전쟁을 치렀다. 1700-1721년의
대★북방전쟁으로부터 1722-1723년의 페르시아 원정에 이르는
기간이었다.

　　1698년에 주요 개혁들을 거친 러시아 군대는 현대화되고
확장되었다. 매년 농민 20가구 당 한 명이 징집되어 평생 복무했
다. 징집된 젊은 청년은 장례식 때에야 병역에서 해방되었다. 장
비 표준화와 장교 인력 전문화를 위한 노력이 있었고 (이를 위해 외
국인을 고용하는 일이 빈번했다) 현대식 대포 개발 생산에도 힘을 기

116　　　　　　　　　　　　　　　　　　짧고 굵게 읽는 러시아 역사

울였다. 대포에 대한 이런 열정은 소련 후기까지 이어지게 된다.

항해와 선박 건조에 매달렸던 표트르는 러시아에 최초의 해군을 창설했다. 표트르 사망 시점까지 전열함(포 74문 이상을 갖춘 전함 – 옮긴이) 32척과 기타 선박 100척 이상으로 구성된 함대가 만들어졌다. 그 전까지는 군이 해군이 필요하지 않았다고 생각했다. 그러나 해상 교역이 한층 확대되고 스웨덴과 같은 해상 강국들과 북유럽 패권을 경쟁하게 되면서 해군력이 중요해졌기 때문이다.

대북방전쟁은 전투 부대가 왔다가 떠나는 일반 전쟁과는 달랐다. 러시아와 스웨덴은 양쪽 연합의 중심 역할을 했다. 술집 패싸움과 비슷한 모습을 보이는 경우도 많았다. 처음에 러시아는 폴란드, 덴마크-노르웨이, 작센과 동맹했지만 덴마크-노르웨이 및 작센은 스웨덴이 폴타바 교전에서 크게 패하면서 적극적으로 참여하지 못했다. 오스만은 적이었던 러시아에게 한방 먹이기 위해 스웨덴을 돕겠다고 나섰고, 하노버와 프로이센은 러시아 진영에 참여했다. 영원한 기회주의자 영국은 어느 한 유럽 국가가 지나치게 강력해지는 것을 바라지 않았기에 상황을 봐가며 이쪽저쪽을 오갔다.

러시아는 이 전쟁에서 승리했고 (스웨덴이 결국 패배했다는 말이 더 정확할 수도 있다) 이로써 강대국의 지위를 확고히 했다. 스웨덴 제국이 군사 강국 자리에서 내려온 것은 상대적으로 적은 인구 탓이 컸다. (러시아로 진군했던 '북방의 사자' 칼 12세의 병사 4만 명 중에서 집에 돌아간 사람은 543명에 불과했다.) 쌍두 독수리가 사자를 쓰러뜨린 것이다. 단순한 전투 승리를 넘어서 이는 길고 격렬한 전쟁을 지탱할 군사 및 병참 기반을 증명했다. 마찬가지로 1722-1723년의 러시아-페르시아 전쟁은 과거 크림 한국에 맞설 전쟁 능력도 없던 러시아가 이제 카프카즈와 카스피해 지역 깊숙이까지 공략할 수 있다는 점을 보여주었다. 페르시아 제국이 기울어가는 상황에서 표트르는 오스만 제국이 러시아 남쪽 국경을 따라 영향력을 확대하지 못하도록 막아야 했던 것이다.

표트르의 진정한 위업은 바로 거기에 있었다. 그는 국가 건설자보다는 전쟁 지휘자였지만 이중 하나가 되려면 다른 하나도 되어야 한다는 점을 곧 깨달았다. 외국 문물에 대한 관심은 자신이 성장한 사회에 대한 항거의 의미이기도 했다. 표트르는 패러디와 인습 타파를 즐겼고, 그가 만든 악명 높은 클럽 '바보와 광대의 모든 농담, 술 취한 종교회의All-Joking, All-Drunken Synod of Fools and Jesters'는 교회부터 전통 예절에 이르기까지 러시아 기존 제도를 공개적으로 혹독하게 비판해댔다. 표트르가 근대화를 철학적 용어로 파악했을 가능성은 전혀 없다. 그는 종교 개혁가 마틴 루터의 집 대문에 자기 이름을 그래피티로 그려놓았을 유형이었다. 표트르의 근대화는 철저히 실용적이었다. 그에게 낙후된 러시아는

짧고 굵게 읽는 러시아 역사

약한 국가를 뜻했고, 약한 국가란 언제 침략 당할지 모를 존재일 뿐이었다.

그는 귀족, 교회, 농민 모두에 대한 통제를 강화하며 빠르게 국가 체계를 만들어 나갔다. 도전하는 자에게는 일체의 관용이 없었다. 장남이 모반을 시도한다고 의심이 들자 가차 없이 고문했고 고통 속에서 죽게끔 만들었다. 그는 러시아를 강대국으로 변모시켜 서구 각국이 과거의 '상스럽고 야만적인 왕국'(이는 16세기 영국 탐험가 리처드 챈슬러가 했던 표현이다)에 주목하게끔 했다. 그럼에도 이때까지의 근대화는 안전을 확보하기 위한 수준, 그 이상은 되지 못했다. 또 다른 대제 예카테리나에 이르러서야 정신과 영혼까지 근대화가 시도될 수 있었다.

더 읽어볼 자료

로버트 K. 매시Robert K. Massie의 《Peter the Great: His Life and World》(크누프, 1980)이 가장 평판이 높고 읽기도 좋은 책으로 추천 되지만 나는 이 인물을 다룬 전기 중에서 린지 휴스Lindsey Hughes의 《Peter the Great》(예일대 출판부, 2002)를 권하고 싶다. 신중한 태도로 유려하게 쓰였으며 회의론과 존경심이 적절히 배합된 책이다. 폴란드 사절 포이 드 라 노빌Foy de la Neuville이 쓴 《A Curious and New Account of Muscovy in the Year 1689》(SSEES, 1994)은 당시 사람이 기록한 흥미로운 읽을거리인데 온라인에서 무료로 볼 수 있어 더욱 좋다. 전쟁이 표트르의 치세를 어떻게 규정해주었는지 보려면 페테르 엥룬드Peter Englund의 《The Battle That Shook Europe: Poltava and the Birth of the Russian Empire》(I.B. 타우리스, 2013)가 좋다. 이 특별하고 중대한 전투를 상세히 해부하며 큰 맥락까지도 탐색한 책이다.

5
나는 절대군주가 될 것이다.
이것이 내 일이다

예카테리나 여제

✕ ✕ ✕

영국의 풍자 만화 〈여제의 한 걸음An Imperial Stride〉, 1791년 (©British Museum)

당대의 인물들을 가차 없이 풍자하던 영국 만화가들이 예카테리나 대제를 이렇게 묘사했다는 것은 여러모로 러시아의 새로운 지위를 보여준다. 오스만 제국에 야심차게 도전장을 내민 여제는 한 걸음에 러시아에서 콘스탄티노플로 향하고 그 발 아래에서는 유럽의 영적 세속적 지도자들이 상스러운 찬사의 말을 하고 있다. 프랑스 루이 16세는 "이런 건 생전 처음이야"라고, 영국 조지 3세는 "이 얼마나 대단한 확장인가"라고 탄성을 뱉는다. 오스만 술탄은 "터키군 전부를 준다 해도 여제를 만족시키지 못할 거야"라면서 한숨을 내쉰다.

여제의 (많은 부분 만들어진) 성적 취향에 대한 저속한 언동을 차치하고 염두에 두어야 할 점을 짚어보자. 첫째, 예카테리나는 이국적인 아시아 군주가 아닌 유럽인으로 그려져 있다. 표트르 대제가 시작한 러시아 유럽화 과정의 정점을 찍은 셈이다. 둘째, 러시아가 콘스탄티노플을 손에 넣는 일은 결국 일어나지 않았지만 그것은 충분히 가능하다고 여겨졌다. 러시아는 더 이상 무시해도 좋을 변방의 존재가 아닌, 유럽의 당당한 일원이었다.

결과적으로 예카테리나 여제(재위 1762-1796)는 러시아의 18세기를 만들었을뿐 아니라 세계 속 러시아의 이미지와 지위까지 그려냈다. 여러 면에서 여제는 탁월한 능력을 발휘했다. 프랑스의 베르사이유 궁전과 위용을 견줄만한 수준으로 상트페테르부르크의 겨울 궁전을 확장하고 화려하게 꾸몄다. 당대의 철학자들, 특히 볼테르와 활발하게 서신을 교환했고, 그러면서도 적절한 거리를 유지함으로써 러시아에 대한 여제의 말들이 그저 허풍임을 눈치 채지 못하게 했다. 러시아가 오스만 대항 전쟁을 지원해야 하는 상황에 몰렸을 때 대제는 볼테르에게 "우리는 세금이 아주 낮아서 농민들은 자신이 원할 때 누구나 닭고기를 먹을 수 있답니다"라고 말하기도 했다. 여제는 진정한 개혁가였고 러시아에 문화와 문자해독력, 진보적 정책과 합리적 법률을 정착시키려 했다. 예카테리나는 18세기 유럽의 이상인 계몽 군주, 과거로부터 상속받은 권력으로 국가를 미래로 인도하려 했던 바로 그 이미지에 부합하는 인물이었다.

하지만 러시아를 유럽 국가로 바꾸려고 노력하면 할수록 설계상의 피할 수 없는 모순이 점점 드러났다. 예카테리나의 황금시대는 많은 면에서 도금된 놋쇠에 불과했음이, 다시 말해 서구의 왕실, 공장, 조선소와 대학으로부터 점점 뒤떨어지며 추락하는 나라 위에 얇게 덮어놓은 유럽 문화라는 껍질임이 분명해졌다. 총애했던 측근 중 하나인 그리고리 포툠킨Potemkin은 여제의 마을 방문을 환영하는 분위기를 만들기 위해 가짜 마을을 조성했다는 얘기까지 전해진다. 결국 예카테리나의 계몽 러시아는 실제가 아닌 것을 실제처럼 모두에게, 러시아 자신에게까지 설득하려 안간힘을 다했던 '포툠킨의 나라'였던 것이다. 18세기 러시아라는 신화에 구멍을 내는 역할은 코르시카 출신의 건방진 포병이 맡게 된다. 유럽을 휩쓸고 러시아 땅까지 밀고 들어간 나폴레옹 말이다.

근본적으로 러시아는 사회적으로나 경제적으로 여전히 중세시대에서 헤어나오지 못한 상태였다. 인구 절대 다수는 농민이었고, 그 대부분은 국가, 귀족, 교회가 소유한 토지에 묶인 농노였다. 이 상황은 한 세기가 지나도록 거의 바뀌지 않았다. 1724년 인구의 97퍼센트였던 농노 비율은 1796년에도 96퍼센트였다. 농노는 팔리거나 가족 단위로 땅과 함께 이전 가능한 재산이었고, 경작하는 땅에 대해 그 어떤 권리도 가질 수 없었다. 서구식 경작 방식을 도입하기 위한 형식적 시도가 몇 차례 있었지만 별 소용이 없었다. 거친 토양과 가혹한 기후가 문제였지만 낮은 숙련도와 훈련 부재, 투자 자본이나 관심의 부족도 원인이었다. 농업 생산성은 중세 수준을 벗어나지 못하고 있었다.

러시아가 발트해와 흑해 항구들을 얻고 상인 계층이 등장하면서 국내와 국제 교역은 증가했으나 그 규모는 너무 작았다. 농민 장사꾼들이 소규모 국내 상거래를 맡았고, 나머지 대부분은 외국인과 귀족들 차지였다. 한 세기 내내 러시아는 만성적인 재정 위기 상태였다. 세수는 전쟁 비용, 호화 건물 건설과 궁정 운영 지출을 감당하지 못했고 격차를 메우기 위해 어음을 발행하고 돈을 찍어내야 했다. 관료계층이나 부유한 귀족은 글을 읽을 수 있어 외국 문물과 친숙해졌지만 지방 귀족들은 읽거나 쓰지 못하는 경우가 허다했다. 예카테리나 대제가 서구에 팔 수 있는 그런 국가가 전혀 아니었던 것이다.

여제의 시대

전통적으로 남성 우월 문화를 지녔던 러시아는 제위에 오른 여성들에게 익숙해져야 하는 상황을 맞았다. 1725년 사망한 표트르는 차르가 (가족원 중에서) 후계자를 지명할 수 있다는 원칙을 만들었지만 정작 자신은 누군가를 지명하지 못했다. 두 번째 아내 예카테리나를 여성 차르로 선포한 적이 있긴 했으나 그것만으로는 권력을 쥐기에 부족했을 것이다. 몹시 부패했지만 상황판단은 빠른 알렉산드르 멘쉬코프Alexander Menshikov 공이 이끄는 도당이 예카테리나를 그럴듯한 허수아비로 점찍은 것이 결정적이었다. 유서 깊은 대귀족 가문 출신 전통주의자들이 다시금 권력을 잡게 될까 봐 걱정한 도당은 호위대를 동원해(과거에도 왕을 세우는 역할을 한 바 있는 호위대가 이번에는 여왕을 세우게 된 셈이었다) 가상의 쿠데타를 일으켰고 예카테리나 1세(재위 1725-1727)를 추대했다.

예카테리나 1세에게는 딸이 둘 있었으나 러시아가 모계 승계를 받아들일 준비가 되어 있지 않았던 탓에 결국 표트르 1세의 유일한 부계 손자(알렉세이의 아들)를 후계자로 지명할 수밖에 없었다. 예카테리나 1세가 1727년에 사망하자 12세의 표트르 2세(재위 1727-1730)가 왕위를 이어받았고 다시금 멘쉬코프 공이 섭정했다. 하지만 이러한 남녀차별 관행을 운명이 허락하지 않았는지 표트르 2세는 불과 3년 만에 남성 후계자 없이 사망하고 만다. 왕가의 혈통은 표트르 대제와 공동 차르를 지낸 이반 5세의 자녀들 중에서 찾아야 했는데 장녀 예카테리나 혹은 여동생 안나였다. 어느 쪽이 되든 러시아인들은 또다시 여제를 맞이해야 했다.

장녀 예카테리나는 메클렌부르크-슈베린Mecklenburg-Schwerin 출신의 카를 레오폴트Karl Leopold라는 독일인과 결혼한 상태였다. 대귀족들은 이 독일인이 여제의 남편이 될 경우 러시아에 영향력을 행사할 것이라 걱정했다. 그리하여 대귀족 최고회의Supreme Privy Council는 남편과 사별한 안나 쪽을 선택했다. 물론 예카테리나와 마찬가지로 안나 역시 허수아비에 불과했다. 의장 드미트리 골리친Dmitry Golitsyn 공은 조건을 나열한 문서를 만들어 내밀었다. 복종을 강요하기보다는 요구하는 편이 더 쉽다고 생각했던 것이다. 하지만 제위에 오른 안나(1730-1740)는 문서를 찢어버리고 최고회의 의원들을 해임한 후 우호적인 인물들로 그 자리를 채웠다. 골리친은 감옥에서 죽었는데 그가 러시아에 헌법을 도입하려 애쓴 인물로 추앙받게 되었다는 점을 고려하면 정말로 그가 새로운 원칙을 도입하려 한 것이었는지, 아니면 차르를 좌지우지할 권력의 기회로만 여겼던 것이었는지 의문이 남는다.

십년 후 죽음이 가까웠을 때 안나는 조카의 아들인 생후 2개월의 이반을 후계자로 지명하고 독일인 연인 에른스트 비론Ernst Biron을 섭정인으로 지정했다. 이반 5세의 혈통을 잇는 동시에 연인의 미래도 안정시키고자 했던 것이다. 하지만 안나는 신망을 얻지 못했고, 궁정을 독일인 친척과 측근들로 채움으로써 민중과 대귀족 모두에게 이질감을 안겼다. 이반 6세(1740-1741)가 즉위한 지 불과 3주 만에 비론은 시베리아로 추방당했고, 즉위 13개월째에 불운한 어린 차르와 그 가족은 러시아가 지배하는 라트비아의 요새에 감금당했다. 표트르의 딸 엘리자베타가 쿠데타를 일으켰던 것이다. 이반 5세와 표트르는 공동 군주로 공존했지만 양쪽 후손들은 끝없는 싸움에 휘말렸다.

열정적이고 현명하며 매력적인 엘리자베타는 호위대인 프레오브라젠스키Preobrazhensky 연대를 자기 편으로 만들었고, 1741년 하룻밤 만에 무혈로 겨울 궁전과 왕위를 차지했다. 33세의 엘리자베타 여제(재위 1741-1762)는 우아함과 화려함, 그리고 외교의 시대를 열었다. 러시아는 유럽의 권력 국가로 한층 더 지위를 강화했다. 스웨덴과의 전쟁이 끝나면서 러시아는 핀란드 남부를 차지했고, 부상하는 프로이센과 맞붙은 7년 전쟁(1756-1763)에서는 핵심적인 역할을 담당했다. 프로이센의 프리드리히 대왕이 패배를 목전에 두었던 1762년, 엘리자베타 여제 사망 소식이 전해졌다. 자식이 없고 표트르 대제의 혈통을 이으려는 마음이 간절했던 여제에게 유일하게 가능했던 선택은 조카인 홀슈타인-고토프Holstein-Gottorp의 표트르였다. 독일 출생이고(여제가 러시아 교육을 시키고자 애쓰긴 했다) 얼굴에 천연두 흉터가 있으며 장난감 병정 놀이에 빠져있던 표트르 3세는 겨우 186일 동안 재위하는 데 그쳤다. 하지만 그의 즉위는 아내 안할트-제르프스트의 공녀 조피 Princess Sophie of Anhalt-Zerbst에게 겨울 궁전으로 가는 길을 열어주었다. 이 조피가 바로 역사에 예카테리나 대제로 기록되는 인물이다.

조피에서 예카테리나로

조피 프리데리케 아우구스테 폰 안할트-제르프스트-도른부르크는 프로이센 독일의 귀족 가문에서 태어났다. 인맥은 좋았지만 재산은 별로 없는 집안이었다. 그런 상황에 놓인 가난한 귀족 가문의 아가씨는 가문을 위해 결혼해야 하는 운명이었다. 애정은 전혀 고려하지 않고 오로지 정략적 판단에 따라 그렇게 선택된 사람이 6촌 사이인 홀슈타인-고토프의 표트르였다. 표트르의 이모인 엘리자베타 여제는 어떻게든 프로이센과 연결되고 싶어 열심이었고, 조피의 야심차고 계산 빠른 어머니는 딸이 러시아 왕가의 일원이 되어 프로이센 프리드리히 2세의 스파이 노릇을 할 수 있으리라는 데 흥분했다.(이 어머니는 결국 바로 그 이유로 영구 추방당하게 된다.)

　　15세 때 조피는 러시아로 여행을 갔다. 신랑감 표트르 3세는 전혀 호감이 가지 않는 인물이었지만 조피에게는 결정권이 없었고 무일푼의 프로이센 공녀에게 다른 어떤 가능성이 있을지 알 수도 없었다. 엘리자베타 여제는 조피를 보자마자 마음에 들어 했다. 그리하여 타고난 열정적 성향대로 조피는 바로 러시아어 공부를 시작했고, 정교 세례를 받아 예카테리나라는 러시아 이름을 얻었으며 1745년, 표트르와 결혼했다.

표트르가 부인과 친밀한 관계를 맺지 않았으므로 부부는 각자의 연인을 두고 각자의 이익을 추구하며 분리된 삶을 살았다. 표트르는 장난감 병사 및 진짜 병사들과 노는 것을 좋아해 시종들에게 아침마다 힘든 훈련을 시키곤 했다. 남편과 달리 쾌활하고 판단력도 좋은 예카테리나는 호위대와 좋은 관계를 맺어두려 공을 들였다. 표트르 3세는 왕위에 오른 1762년, 프로이센과의 전쟁에서 서둘러 후퇴하는(그는 프로이센의 프리드리히 대왕을 숭배해 '내 주인'이라고 부르기까지 했다) 등의 조치로 빠르게 민심을 잃었다.

러시아 혈통인 남편 차르보다 독일 태생의 부인이 더 러시아를 생각하는 것처럼 보이는 아이러니한 상황이었다. 17년의 결혼생활을 참아낸 후 예카테리나는 남편에게서 벗어나 남편의 자리를 차지할 준비를 했다. 표트르 3세가 시골 영지에서 친척들과 시간을 보내는 동안 예카테리나는 상트페테르부르크로 돌아와 작전을 꾸몄다. 호위부대 제복을 멋지게 차려입고 이즈마일로프

짧고 굵게 읽는 러시아 역사

스키와 세묘노프스키 연대를 찾아 지지를 부탁했다. 교회도 포섭했고 정부 주요 인물들도 자기편으로 만들었으며 호위 연대 지지마저 얻은 것이다. 표트르는 체포되어 강제 퇴위 당했고 곧 살해됐다. 그렇게 예카테리나 2세(1762-1796)가 여제 자리에 올랐다.

늘 그렇듯 정치적 실용주의를 정당화하기 위해 역사, 전통, 관례를 뒤져 근거를 찾는 작업이 이루어졌다. 다행히도 예카테리나가 류리크 왕조와 겨우겨우 피가 닿는다는 점을 밝힐 수 있었고, 표트르 대제를 예카테리나 1세가 승계했다는 점도 도움이 되었다. 당시에는 논란이 된 승계라도 어떻든 이 시점에는 귀중한 선례가 되었다. 자주 모반이 시도되고 더욱이 지방에서 심각한 봉기가 일어나는 상황에서도 예카테리나는 죽을 때까지 굳건히 권력을 유지했다.

교육을 잘 받고 현명하며 유럽 귀족 출신으로 보다 국제적이었던 예카테리나는 러시아를 서구 수준으로 끌어올리기 위한 개혁에 매진했다. 표트르 대제의 초점이 군사력과 이를 뒷받침하는 국가 체제 건설이었던 반면 예카테리나는 문화와 지식 측면에 주력했고 관련 정책을 쏟아냈다. 당시 유럽은 '계몽 군주'의 시대였다. 전제군주가 이성, 과학적 진보, 자유, 관용이라는 계몽사상의 가치를 옹호하며 국민들을 위해 통치한다는 것이었다. 하지만 실제로는 계몽보다 전제군주 쪽이 더 강조되곤 했고, 예카테리나

또한 "나는 절대군주가 될 것이다. 이것이 내 일이다"라는 유명한
말을 남겼다.

그럼에도 예카테리나에게는 자신과 러시아를 유럽 강국으로 계몽주의의 선두에 내세우겠다는 열망이 있었다. 서구 복식과 문화는 여제가 주최하는 과도하게 호화로운 연회와 각종 행사의 필수 요소였다.(1795년경에는 왕실 지출이 국가 전체 예산의 1/8을 넘어서기도 했다.) 네덜란드와 영국 조선공들을 고용하는 것만으로 러시아가 하루아침에 근대화되지 않았듯 유럽 철학자들과 서신을 교환하고 서구 예술품을 사들이는 것 역시 국가를 일신하지 못했다. 솔직히 말해 예카테리나의 명성은 업적보다는 여제가 쓴 글, 그리고 여제에 대해 쓰인 글들이 만들어냈다고 봐야 한다.

속 빈 계몽?

예카테리나가 아무 것도 하지 않았다는 뜻은 물론 아니다. 실은 정반대이다. 당시는 괄목할 만한 진보와 변화의 시대였다. 과거 금지되거나 무시되던 외국 서적이 번역되었고, 많은 이의 반대를 무릅쓰고 천연두 예방접종이 도입되었다. 여제는 종교 면에서도 관용을 보였으며(그 와중에 교회가 소유한 마지막 땅이 몰수되기는 했다) 고문도 폐지했다.(이론적으로는 그랬다.) 보통 교육을 실시하겠다는

원대한 계획은 실패로 돌아갔다. 교육의 필요성을 느끼지 못한 농민들이 많았으므로 어쩌면 당연한 일이었다. 그럼에도 학교와 대학이 늘어났던 것은 분명했고 심지어 여성들이 입학허가를 받기도 했다.

하지만 개혁의 핵심부는 비어 있었다. 예카테리나는 자유와 법률의 중요성을 진심으로 믿는 듯했지만 그렇다고 해서 국가와 군주가 법의 통제를 받는 것은 아니었다. 여제는 저항이나 이견을 허락하지 않는 완고한 전제군주였다. 법치와 개혁에 대한 열정은 진심이었을까, 아니면 그저 그런 척할 뿐이었을까? 예를 들어 1766년 여제는 귀족, 지주, 도시민, 국유지 농민, 코사크의 대표자들로 구성된 (농노는 빠졌다) 입법위원회를 소집했다. 그리고 새 법령으로 만들고자 하는 원칙을 22장으로 정리한 법안 '나카스Nakaz'를 검토하게 했다. 여제가 거의 2년이나 걸려 작업한 결과물이었다. 프랑스 철학자 몽테스키외, 이탈리아 법학자 체사레 베카리아Cesare Beccaria를 비롯해 유럽 여러 사상가들에게서 그대로 베껴온 내용이 많았다고는 해도 역작임에는 틀림없었다. 절대왕정을 유지하면서 이를 평등과 법치라는 진보적 개념과 결합시키려는 의도가 담겨 있었다.

하지만 다음해에 모인 위원회는 대귀족, 시민, 병사, 지주, 사무원, 코사크를 마구 합쳐놓은 집단에 불과했고 여제의 지시를 이해하거나 이행할 능력이 없었으며 서로 반목했다. 203회나 모여 귀족의 특권부터 상인의 권리에 이르기까지 모든 것을 논의했지만 그 어떤 결론에도 이르지 못했고 제대로 된 제안도 내놓지 못했다. 결국 1768년 러시아 터키 전쟁이 발발하면서 위원회 소집은 중지되었고, 이후 두 번 다시 재개되지 않았다.

하지만 그렇다고 해서 이것이 그저 입헌주의를 한번 흉내내본 것일 뿐 아무 의미가 없었다고 말해야 할까? 그렇지 않다. 우선 성과를 거두지 못한 것이 전적으로 예카테리나의 탓이라 비난할 수는 없다. 이는 협의에 대한 실험이었고, 러시아에서 합의의 가능성 여부를 판단해볼 방법은 달리 없었던 것이다.(결국 불가능한 것으로 드러났다.) 입법 위원회 덕분에 여제는 접하기 어려웠던 여러 사회 계층의 관심사와 우선순위를 파악하면서 미래의 입법에 반영할 수 있었다. 또한 전쟁에 출정할 때를 제외하면 영지를 멀리 떠나오는 일이 거의 없는 시골 지주 귀족들이 대표자에 포함되었다는 것도 중요했다. 대귀족들, 즉 더 큰 권력을 지닌 귀족들은 이를 통해 예카테리나가 기댈 수 있는 대안의 권력 기반이 있다는 점을 알게 되었다.

권력과 목표

결국 평등주의라는 화려한 수사 뒤에 숨은 것은 여전히 군대, 공직, 지역 통치를 독점한 귀족계층과 국가 사이에서 핵심적인 권력을 재협상 하는 것이었다. 귀족들은 주식과 지분에 투자하는 존재도 아니었고, 모두가 공직에서 일하지도 않았다. 그들의 부는 여전히 토지, 그리고 거기서 일하는 농민과 농노에 기반했다. 농노는 계속 농노여야 했다. 예카테리나 여제 자신이 소유한 농노도 50만 명이었고 국가 소유 농노는 280만 명에 달했다. 예카테리나는 주인에게 학대를 받을 경우 농노가 지방 행정관에게 탄원할 수 있는 권리를 강화했지만 동시에 지주들이 농노를 시베리아에 추방할 수 있는 권리도 주었다. 결국 귀족의 힘을 더 키워준 셈이었다.

짧디 짧은 재위 기간에 표트르 3세는 새로운 법령을 잔뜩 선포했는데 그 중에는 귀족의 의무를 한층 축소시킨 '귀족 자유에 대한 칙서'도 있었다. "비상 상황을 제외하고 또한 개별적으로 소집하는 경우를 제외하고, 그 어떤 러시아 귀족도 자기 의지에 반해 강제로 국가에 복무하는 일이 없도록 하며 행정 기관도 귀족을 동원하지 않는다"는 내용이었다. 냉소적 비평가라면 나약한 지위의 나약한 인간이 어떻게든 러시아 귀족의 지지를 얻어내려 했던 발버둥이라고 이를 평가할 것이다. 쿠데타로 군주의 지위에

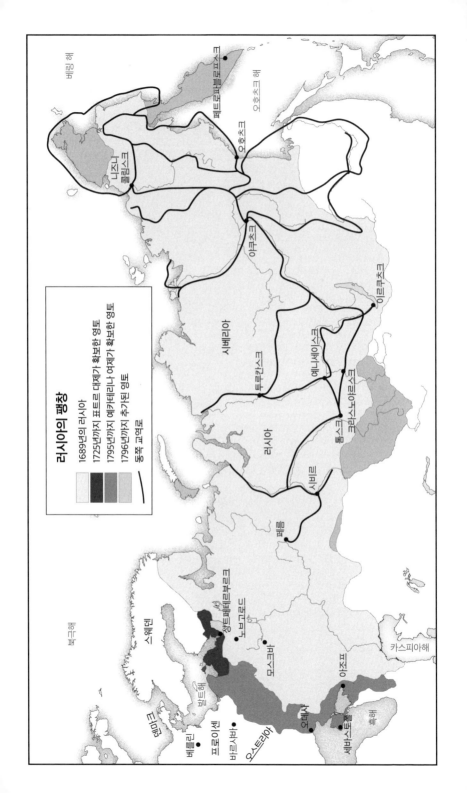

러시아의 팽창

1689년의 러시아

- 1725년까지 표트르 대제가 확보한 영토
- 1795년까지 예카테리나 여제가 확보한 영토
- 1796년까지 추가된 영토
- 동쪽 교역로

베링 해

페트로파블롭스크

오호츠크 해

오호츠크

니즈니
콜림스크

야쿠츠크

이르쿠츠

시베리아

이르쿠츠크

투루칸스크

예니세이스크

러시아

톰스크
크라스노야르스크

치타

북극해

상트페테르부르크

노브고로드

페름

토볼스크

모스크바

스웨덴

발트해

덴마크

베를린
프로이센

바르샤바

오스트리아

오데사

아조프

세바스토폴

흑해

카스피아 해

오른 입장에서 언제든 쉽게 다른 쿠데타에 무너질 가능성을 걱정하지 않을 수 없었던 예카테리나도 이를 유지했고 표트르 대제가 세운 귀족의 공직 복무 원칙은 계속 약해졌다.

1785년에 나온 '귀족 헌장'은 그들의 특권을 한층 강화했다. 군복무 및 납세 의무를 면제하고, 농노에 대한 포괄적 권리를 인정했으며 영지의 완전한 상속권리가 보장되었다. 귀족들은 각 군마다 귀족 회의를 구성할 권리도 부여받았다. 여러 면에서 이는 물러서는 척하면서 의무를 부과하는 예카테리나의 고전적 방식이었다. 여제는 단일 군주에게 모든 것이 집중된 체계가 문제임을 깨달았던 것이 분명하다. 전제군주제를 강하게 유지하면서 일상적 행정 업무를 처리할 중간 기구를 만듦으로써 국가 체계가 더 유연하고 강해지도록 했다. 모든 문제가 수도 상트페테르부르크로 밀려들거나, 임명된 관료가 부패와 태만에 빠지지 않도록 해줄 방법이었다. 같은 해 예카테리나는 도시와 마을에도 헌장을 내려 지역 행정 조직을 만들도록 했다.

예카테리나가 이끈 개혁의 시대에서 중요한 것이 바로 이 지점이다. 여제의 개혁은 공허하고 김빠진 우연이었던 것도, 계몽주의에 대한 헛된 맹세도 아니었다. 예카테리나는 사람을 죽이는 것을 싫어했지만 측근이 표트르 3세를 살해했을 때 눈감아주었고, 1775년에는 러시아 역사상 최대 규모의 농민 반란을 이끈 예멜리안 푸가쵸프(과거 가짜 드미트리들이 그랬듯 그도 표트르 3세를 자처했다)를 모스크바로 끌고 와 목을 벤 뒤 사체를 잘게 조각내 버리기도 했다.

여제의 외교 정책도 마찬가지로 실용적이었는데 늘 절묘한 수사가 동원되었다. "나는 영토 확장 외에 국경 수호 방법을 알지 못한다"라는 식으로 말이다. 실제로 여제의 치세 동안 러시아 영토는 50만 평방킬로미터 이상 늘어났다. 폴란드-리투아니아를 상대로 한 전쟁에 적극적으로 참여해 3자 영토 분할에서 리투아니아와 폴란드 동부 대부분을 러시아 영토로 만들었다. 오스만 제국은 특히 중요한 표적이었다. 러시아가 남쪽으로 진출할 최고의 통로였던 것이다. 콘스탄티노플로 내딛는 '여제의 한 걸음'은 끝내 이루어지지 못했지만 1768-1774, 1787-1792년의 전쟁에서 터키를 굴복시켰다. 그 결과 우크라이나 남부를 얻었고, 1783년에는 오스만이 차지하고 있던 크림 지역을 러시아 영토로 병합했다. 이는 21세기에 다시금 문젯거리로 부상하게 된다.

다시 말하지만 '계몽 전제군주' 예카테리나는 계몽보다 전제군주 쪽에 가까웠다. '나카스' 법령에 등장하는 구절만 봐도 이는 명확하다. "통치권은 절대적이다. 군주 한 개인에게 집중된 힘, 광대한 영토와 비례하여 커지는 이 힘 외에 다른 권력은 없다. 대안적 통치체제는 무엇이든 러시아에 해로울 뿐 아니라 결국 러시아를 폐허로 만들어버릴 것이다." 하지만 여제는 현명한 전제 군주였고, 러시아의 전통적 통치 방식이 점점 시대에 뒤떨어지고 있다는 점을 파악했다. 그리하여 "거대한 바람이 불어온다. 이 바람은 상상력이나 두통, 둘 중 하나를 줄 것이다"라는 계속 회자되는 명언을 남겼다. 예카테리나는 러시아가 어떻게 변화해야 하는가에 대해 답을 주지 못했지만 질문을 던지기 시작했다는 점은 분명하다.

예카테리나 이후

예카테리나는 1796년에 자연사했고, 아들 파벨 1세(재위 1796-1801)가 뒤를 이었다. 파벨이 표트르 3세의 친아들이 아니라는 소문이 무성했고, 예카테리나는 아들이 성장할 때 함께 보낸 시간이 거의 없을 정도로 무심했다. 실제로 여제는 파벨 1세를 건너뛰고 그 아들 알렉산드르를 후계자로 삼고자 진지하게 고민했다고 한다. 파벨 1세의 치세는 예카테리나의 성격과 전설이 남긴 그림자에 가려졌다. 42세에 제위에 오른 파벨 1세는 완고하고 권위적인 보수주의자였다.

파벨은 황실 혈통의 남성 후계자에게만 이어질 수 있다는 제국 기본법, 이른바 '파벨 법'을 서둘러 공포했다. 더 이상은 여제가 나올 수 없고 자기 아들을 황제로 만들고 싶은 이들의 위험한 기대도 차단하는 조치였다. 파벨은 몇 명의 측근에게 부를 집중시키고 나머지는 경멸적으로 대하면서 귀족계층을 대놓고 무시했다. 아버지와 마찬가지로 그도 군대에 열광했으며 통솔력에 대한 이해는 거의 없이 화려한 열병식이나 군복 디자인에 매달리는 것도 똑같았다.

아무튼 러시아군은 곧 주목의 대상이 될 터였다. 프랑스 혁명기였고 확신에 찬 전제군주이자 신비주의에 경도되었던(1798년에는 예루살렘 성 요한의 몰타 기사단장으로 선출되기도 했다) 파벨 1세는 자신을 무정부주의에 대항하는 십자군이라 생각했다. 1799년, 러시아는 오스트리아, 터키, 영국, 나폴리와 연합해 프랑스에 전쟁을 선포했다. 연합은 곧 와해되고 1799년, 나폴레옹이 스스로를 초대 집정관으로 선포하자 파벨은 오스만에 맞서기 위해 프랑스와의 동맹 가능성을 타진하기 시작했다. 그는 영국령이었던 인도로 군대를 보낼 계획까지 세웠다. 러시아의 귀족 엘리트들이 보기에 파벨은 온 세상을 차지할 작정인 것 같았다.

파벨은 위험한 시기에 위험한 인물이 되었다. 위험한 이들의 눈에도 그렇게 보였다. 1801년, 해임된 장교 무리가 황제의 침실에 난입해 퇴위 선언에 서명하라고 요구했다. 그리고 거절당하자 그를 목 졸라 죽였다. 파벨의 장남인 23세의 알렉산드르는 이

모의를 미리 알고 있었을까? 확실한 사실은 암살자들에 대한 처벌이 없었다는 것뿐이다. 실상 차르 알렉산드르 1세(재위 1801-1825)의 행동이나 말이 많이 알려져 있음에도 그가 어떤 성향인지 규정하기란 퍽 어렵다. 그는 자유주의자였을까, 보수주의자였을까? 차르의 정신적 지주였던 미하일 스페란스키Mikhail Speransky는 "통치하기에는 너무 나약하고 통치받기에는 너무 강한 인물"이라는 말을 남겼다. 결국 이는 별로 중요하지 않은 말이 되었다. 알렉산드르 1세 시대는 프랑스와의 전쟁이 다 차지했기 때문이다. 프랑스군은 불타버린 모스크바에 입성했고, 러시아 병사들은 파리로 진격했으며 세상이 변화했다.

러시아는 마침내 개혁이라는 과제와 대면하지 않을 수 없게 되었다. 위로부터의 강제적 근대화를 시도한 표트르 대제는 일부를 성취했지만 충분치 않았다. 예카테리나 대제 역시 위로부터의 근대화를 독려했고 일부를 성취했지만 충분치 않았다. 진짜 변화는 아래로부터 와야 한다는 점이 분명해졌지만 이는 일부에게는 끔찍한 전망이었고 나머지에게는 짜릿한 기회였다. 예카테리나의 '나카스' 법령 1조는 "러시아는 유럽 국가이다"라는 문장으로 시작된다. 하지만 프랑스 작가 드니 디드로Denis Diderot에게 보낸 편지에서 여제는 "당신 같은 철학자들은 행복하오. 종이 위에 글을 쓰고 종이는 얌전하니까. 하지만 나처럼 불운한 황제는 살아있는 생명체의 약한 피부 위에 글을 써야 하오"라고 하였다. 당시는 러시아인들이 유럽의 옷과 보석으로 치장만 할 수 있는지, 혹은 유럽 책을 읽고 유럽 예술에 감탄할 소양을 갖출 수 있을지 알아보는 시기였다. 피부 위나 피부 속에 유럽인의 정체성(이는 기술과 상공업 뿐 아니라 문화와 가치로 규정될 것이었다)을 새길 수 있을 것인지가 문제였던 것이다.

러시아가 나머지 세상에 했던 이야기들, 특히 예카테리나가 서구 철학자들에게 보낸 편지 내용에 신경 쓸 필요는 없다. 정말 중요한 것은 러시아인들이 자신에 대해 스스로 어떤 이야기를 하는가이다. 표트르와 예카테리나는 러시아를 유럽의 일부가 될 수 있도록 이야기를 만들었지만, 그것이 어떤 의미일지는 고민하지 않았다. 두 차르는 그 이야기를 외국인과 엘리트에게도 해주었다. 느릿느릿 확산된 교육과 문자해독력, 세상 속에서 자기 자리를 찾고자 하는 중산층의 등장, 프랑스 혁명이 마르크스주의에 미친 영향 등은 19세기에 러시아의 정체성이 그 어느 때보다도 격렬하게, 또한 여러 요소의 작용을 받으며 시험대에 오르게끔 만들었다.

더 읽어볼 자료

로버트 K. 매시Robert K. Massie의 《Catherine the Great》(헤드오브제우스, 2012)는 두껍고 충실한 전기이다. 더 흥미로운 읽을거리는 사이먼 시백 몬티피오리Simon Sebag Montefiore가 쓴 《Catherine the Great and Potemkin: The Imperial Love Affair》(위든펠드 & 니콜슨, 2016)이다. 여제가 주고받은 서신을 보고 싶다면 앤드류 칸Andrew Kahn과 켈시 루빈-데틀레프Kelsey Rubin-Detlev가 번역한 《Catherine the Great: Selected Letters》(옥스퍼드 대학 출판부, 2018)을 추천한다. 《Memoirs of Catherine the Great》(모던 라이브러리, 2006)도 빠져서는 안 되는 책이다.

6

정교회,
전제군주제, 민족주의

관제 민족주의Official Nationality 원칙

✕ ✕ ✕

모스크바 구세주 그리스도 대성당 (©Mark Galeotti)

흰 벽에 금박 돔 지붕이 올라간 구세주 그리스도 대성당은 나폴레옹에 맞서 러시아가 거둔 승리를 기념하는 알렉산드르 1세의 작품이다. 대성당은 당시 서구에서 지배적이던 건축양식에 맞춰 신고전주의 건물로 설계됐다. 본래 건축이 예정됐던 부지는 적합하지 않은 것으로 판명되어 알렉산드르의 동생 니콜라이 1세가 현재 장소에 성당을 짓도록 했다. 그는 러시아 전통과 콘스탄티노플 하기야 소피야의 화려함을 담은 보다 고전적인 모습을 선호했다. 성당 외부는 이 건축에 별 관심이 없던 알렉산드

짧고 굵게 읽는 러시아 역사

르 2세 때 완성됐다. 구세주 그리스도 대성당은 마침내 알렉산드르 3세의 즉위식이 있던 1883년 완공되어 축성식이 열렸다. 이후 스탈린 시대에 폭파된 성당은 1990년대에 다시 지어졌고, 니콜라이가 설계한 모습을 대부분 구현했다.

화강암과 대리석, 20톤 넘는 황금이 들어간 성당은 세월이 흐르면서 변화해간 정책과 우선순위를 상징적으로 드러낸다. 알렉산드르 1세는 러시아가 충분히 부유하고 유럽식이어서 당시 유행에 맞는 멋진 건물을 얼마든지 지을 수 있다는 걸 보여주고 싶어 했다. 니콜라이 1세는 러시아가 주변국들에 맞춰갈 필요 없다는 점을 보이고 싶어 전통적 양식과 황실의 미적 취향을 반영했다. 알렉산드르 2세는 공장, 법원, 학교에 매달리느라 성당에 신경 쓸 틈 없이 바빴다.

러시아는 서구 열강이 되기보다 그저 서구 열강과 대등한 나라처럼 보이도록 해야 했을까? 나름의 방식을 고수해야 했을까? 근대화의 외면을 넘어 그 핵심까지 파악하고 내면화해야 했을까? 1812년의 나폴레옹 침공을 막아낸 것은 병참술과 인구 덕이었다. 하지만 러시아는 자국이 나폴레옹의 진군을 막고 역공까지 할 수 있었던 것은 러시아가 모두의 예상을 훨씬 뛰어넘는 강한 나라이기 때문이었다고 믿게 되었다. 그리고 이는 절실히 필요했던 사회적, 정치적, 경제적 근대화를 미루는 완벽한 핑계로 작용했다. 결국 어떤 개혁이든 불확실성과 불안을 동반하지 않을 수 없으니 말이다. 알렉산드르 2세 치세는 이를 잘 보여준다.

19세기는 서로 경쟁하는 신화들의 시대였다. 어느 신화든 러시아를 유럽과 직접 연결시켰다. 개혁가들은 러시아가 더욱 서구화되어야 한다고 보았다. 보수주의자들은 서구를 거부함으로써 혼란을 막자고 했다. 다른 한편 혁명가들은 유럽에서 만들어진 이데올로기가 마법적 해결책이 되어 러시아를 사회적 경제적 선진국으로 도약시켜줄 것이라 믿었다. 유럽을 바꿔놓고 있는 변화를 받아들일 수도, 유럽에서 배제되는 길을 갈 수도 없는 러시아는 자신에 대해 자신이 만들어낸 이야기들 속 모순으로 인해 분열되는 중이었다.

동장군과 어머니 러시아

1812년 시작된 나폴레옹의 러시아 침공은 러시아의 19세기 거의 대부분을 차지한다. 나폴레옹의 침공으로 벌어진 전쟁(러시아인들은 '조국 전쟁'이라 부른다)은 끔찍했지만 결국 승리가 찾아오면서 전환의 계기가 된다. "마음을 정하지 못하고 아무 문이나 두드리는 사람"이라는 평을 받은 알렉산드르 1세는 처음에 프랑스에 등을 돌렸다가 이후 손을 내밀었지만 불편한 동맹은 1810년, 나폴레옹이 오스만에 대항해 러시아를 돕겠다는 약속을 어기면서 깨져버린다. 프랑스 황제 나폴레옹은 개인적 이유로든 정치적 이유로든 행보를 멈출 수 없는 인물이었다. 그리하여 1812년 그는 대육군 Grande Armée, 역사상 가장 큰 규모의 원정부대를 이끌고 러시아로 향했다. 나폴레옹 입에서 "북방의 이 야만인들을 영원히 끝장내어 얼음 땅으로 쫓아버릴 것"이며 "다음 25년 동안 더 이상 문명화된 유럽 세계에 끼어들지 못하게 할 것"이라는 오만한 말이 나왔다고도 한다.

프랑스 재향군인, 폴란드 창기병, 오스트리아 소총수, 피에스몽테의 명사수들로 구성된 나폴레옹 군대는 러시아에서 전멸했다. 러시아인들의 저항이 끈질긴 탓도 있었지만 러시아의 오랜 협력자인 '동장군', 그리고 어머니 러시아의 거대한 크기도 한 몫을 했다. 전략적 우위를 충분히 활용하고 퇴각하면서 곡물을 불태우거나 우물에 독을 타는 적과 만난 나폴레옹은 러시아가 자기 생각대로 움직이지 않는 존재라는 점에 점점 더 격분했다. 마침내 보로지노에서 러시아인들은 퇴각을 멈추고 싸웠다. 나폴레옹 전쟁의 가장 참혹했던 하루 동안 쏟아지는 대포알 세례 속에 러시아는 병력의 3분의 1을 잃었지만 그럼에도 질서 있게 후퇴하는 모습을 보였다. 러시아인들은 모스크바를 포기할지언정 항복은 거부했다.

나폴레옹은 러시아 측이 곧 평화 협상을 요청하리라 확신하며 모스크바에서 한 달을 머물렀다. 하지만 기대했던 상황은 벌어지지 않았고 병사 식량과 말 사료가 줄어들면서 돌아설 수밖에 없었다. 코사크의 기습 공격, 성난 농민들의 매복 공격, 여기에 굶주림과 질병에까지 시달리면서 대육군 규모는 계속 줄어들었다. 입지가 위협받는 나폴레옹은 패배를 승리로 되돌리기 위해 먼저 파리로 향했다. 러시아로 진군했던 68만 5천 명 가운데 살아서 귀환한 사람은 2만 3천 명에 불과했다.

전쟁이 끝나지 않은 와중에 대세는 나폴레옹에게 불리한 방향으로 기울었다. 승리의 기회를 본 프로이센과 오스트리아가 러시아에 합류해 서쪽으로 진격했고, 영국의 웰링턴 공작도 영국, 스페인, 포르투갈 연합군을 이끌고 피레네를 넘어 프랑스를 공격했다. 1814년, 결국 나폴레옹은 폐위되어 엘바 섬으로 유배당했다. (1815년에 잠시 돌아온 적이 있긴 했다.) 프랑스는 20년 동안 확보한 것을 다 빼앗겼고 차르는 핀란드와 폴란드 일부를 제국 영토에 포함시켰다. 러시아 장교들은 샹젤리제에서 승리의 축배를 들었다.

적그리스도가 물러간 이후

나폴레옹 전쟁이 일어나기 전, 변덕스러웠던 알렉산드르 1세는 개혁 놀이를 하기 시작했다. 고위 공직자가 되려면 시험을 통과해야 한다는 과감한 제안을 내놓은 것이다. 어디로 튈지 예측이 불가능한 불 같은 성미에 포악한 장난도 서슴지 않던 그는 나이팅게일의 아름다운 노랫소리에 눈물을 흘린 후 새를 사냥하지 못하도록 인근의 고양이들을 다 잡아 죽인 적도 있었다. 알렉세이 아라크체예프Alexei Arakcheyev 백작의 영향을 크게 받게 된 이후로는 아버지처럼 신비적 메시아주의자가 됐다. 프랑스 혁명은 유럽에 급진주의의 물꼬를 텄고 나폴레옹의 부상도 이를 통해 가능했다. 알렉산드르 1세는 유럽을 위협하는 무정부상태가 사탄의 공격이라 보았고('나폴레옹 황제L'Empereur Napoléon' 철자를 신비주의 숫자 점으로 풀어보면 악마의 숫자 666이 된다는 이야기에 집착했다고 한다) 러시아의 승전은 올바른 질서의 승리라 여겼다.

이는 또한 러시아라는 국가의 힘을 재확인한 기회로 인식되었다. 어떻게 근대화를 이루어 서구를 따라잡을 것인가 하는 18세기의 고민은 이제 근대화가 기존 질서를 얼마나 위협할 것인가 하는 걱정으로 바뀌었다. 정부 조직 내 '새로운 세대'의 부상은 귀족계층을 무너뜨리지 않을까? 교육 확대는 혁명 기조를 더욱 퍼뜨리지 않을까? 나폴레옹과 싸워 거둔 승리는 러시아 체제의 근본적 유효성을 증명하는 편리한 신화로 자리 잡았다. 보로지노 전투 이후 나폴레옹은 "프랑스는 승리할 자격이 충분함을 보인 반면 러시아는 아무도 꺾을 수 없는 존재임을 보였다"라고 썼다. 독이 든 찬사가 아닐 수 없다. 아무도 꺾을 수 없는 존재라고 스스로 확신하는 체제는 위험에 빠지는 법이다.

그 체제의 가장 젊고 총명한 이들이 정반대의 결론을 내는 상황이라면 두 배로 더 위험하다. 예카테리나 시대 이후 프랑스어, 프랑스 문학과 사상은 교양의 핵심이었다. 교육받은 엘리트 출신 젊은 장교들은 혁명 시대의 사상에 열광했고 프랑스에서 직접 이를 경험했다. 게다가 알렉산드르 1세 통치 초기에는 러시아에도 곧 변화가 찾아와 보수적 반동이 척결되리라는 희망이 가득했다. 질서정연한 표면 아래에서 비밀 결사체, 급진 정치세력, 모반 세력이 활발히 움직였고 입헌군주제를 옹호하는 이들도, 곧장 공화제로 가야 한다는 이들도 나왔다. 1820년대가 되자 무장 봉기만이 변화를 일으킬 유일한 희망이라는 결론이 도출되었다. 심지어 1825년 12월로 거사 날짜까지 잡혔다.

이 때 신은 알렉산드르 1세에게 죽음이라는 자비를 베풀었다. 예정된 봉기 한 달 전에 티푸스로 사망한 것이다.

병사 차르

그렇지만 거사 계획을 굳이 접을 필요는 없어 보였다. 새로운 차르 니콜라이 1세(재위 1825-1855)가 즉위하는 과정에서 앞으로도 현상을 그대로 유지하는 통치가 이루어질 것이 너무 뻔해보였기 때문이다. 애석하게도 러시아 역사에는 그런 서글픈 아이러니가 가득하다.

니콜라이는 차르 후보 물망에 올라본 적 없는 인물이었다. 알렉산드르 1세는 적법한 후계자를 남기지 않았으므로 형제들 중에 선택해야 했다. 그 중 나이가 어린 니콜라이는 군인으로 키워졌다. 왕위계승 순위는 폴란드를 통치하던 콘스탄틴 대공에게 있었다. 하지만 1820년 콘스탄틴이 가톨릭교도인 폴란드 귀족 여성과 결혼하면서 계승권을 포기하는 일이 벌어졌다. 의무감과 열정으로 무장하였으나 상상력이라고는 없던 니콜라이는 자유주의 모반가가 새로운 임무를 덥석 받아들이듯 제위를 수락했다. 1825년의 데카브리스트 난은 청년 장교들과 지지자들 3천여 명이 상트페테르부르크 거리들을 점거하는 상황으로 전개되었다. 이들은 입헌제를 요구하고 개혁을 원했다. 원로원 광장에서 대포가 불을 뿜었고 왕실 부대는 생존자들을 포위하고 총검을 들이댔다. 생존자들 대부분은 시베리아로 유배를 떠나 그곳에서 삶을 마감했다. 새로운 차르는 전투 중에 즉위했고 1차적인 자기 역할을 무정부상태 및 반란과의 전쟁에 나선 병사로 파악했다. 그가 생각하기에 전제군주가 '자비롭고 용감하고 공정해야 한다'는 자신의 관점, 그리고 경찰국가를 만들고 자유주의 작가나 급진적 사상가를 가차 없이 억압하는 조치 사이에는 아무 모순이 없어 보였다.

니콜라이는 제국을 군대처럼 여겼다. 군대에 훈련이 필요하듯 국가도 그러하며 혁명의 기운이 높은 시기에는 국가를 하나로 묶을 무언가가 필요했다. 데카브리스트 난을 교육받은 청년들이 외국의 위험한 자유 사상을 받아들인 결과로 여긴 니콜라이는 교육부 장관인 세르게이 우바로프Uvarov 백작에게 해결책을 찾으라는 과제를 내렸다. 1833년, 그는 러시아의 전통적 가치가 외국 사상에 맞서 수호되어야 한다는 '관제 민족주의Official Nationality'를 주창했다. 여기서 내세운 원칙은 '정교회, 전제군주제, 민족주의'였다.

러시아가 진정한 최후의 정교 국가라는 주장은 새로운 것이 아니었지만 말만 그렇게 한 채 전통을 도외시하고 서구 이성주의를 추종하며 한 세기를 보낸 후였다. 이제 방향은 정반대로 바뀌었다. 니콜라이는 유럽을 두고 "러시아의 특성에도, 감정에도 맞지 않는다"고 말했고 이로써 유럽은 이제 오염의 원천으로 전락했다. 신은 러시아가 서구 유럽의 허술한 복제품이 아닌 러시아 자체가 되라고 명하셨으며 이는 입헌주의에 오염되지 않은 전제군주가 맡아서 해야 할 일이었다. 전제군주가 곧 폭군은 아니지만 니콜라이 1세의 통치는 예카테리나 여제의 이상과는 완전히 다

짧고 굵게 읽는 러시아 역사

른, 미계몽 상태의 폭정이었다. 공동의 이익이라는 명목 하에 모든 권력이 중앙으로 집중되었다. 국가의 통합과 단일한 충성심을 확보하기 위해 차르의 신민은 모두 단일 신앙과 가치를 받아들여야 했다. '러시아화Russification'의 시대가 열린 것이다. 폴란드의 가톨릭교회들이 새로운 제재를 당했고 폴란드, 우크라이나, 리투아니아, 베사라비아인들은 강제로 러시아어를 배워야 했다.

당시 러시아를 여행한 프랑스 자유주의자 귀족인 퀴스틴Custine 후작 아스토르프-루이-레오노르Astolphe-Louis-Léonor는 "그 광대한 제국은 하나의 감옥이다. 열쇠는 황제가 쥐고 있다"라며 경악을 금치 못했다. 비이성적 규제의 최고봉이자 죽어가는 전제 질서의 수호자로 역사에 기록된 차르 니콜라이 1세가 실은 전제 군주제에 대단히 회의적이었다는 점은 아이러니하다. 그는 신이 내린 통치 권리를 진심으로 믿었지만 이를 위해서는 러시아와 신 앞의 책임을 통감하고 힘겹게 노력해야 한다고 믿었다. 그는 헌병대 및 황제원 특별3부Third Section of His Imperial Majesty's Own Chancellery라는 공포의 비밀경찰을 만들어 두 곳 모두 백작이자 장군인 알렉산드르 벤켄도르프Alexander Benckendorff가 지휘하도록 했다. 이를 국민을 보호하는 기관, 국민을 위한 경찰력이라 진심으로 믿으면서 말이다. 벤켄도르프에게 신민들의 눈물을 닦아줄 손수건과 통제권을 함께 쥐여 준 셈이었다. 엄격한 검열제도도 도입했는데 요

리책에 나온 '공기와 접촉하도록 자유롭게 놓아두다'라는 표현을
다 잘라내도록 해 웃음거리가 되기도 했고, 러시아 문학의 거장
알렉산드르 푸슈킨과 표도르 도스토예프스키를 특별3부에 저촉
되는 인물로 분류하기도 했다. 서구에서 들어오는 파괴적 사상의
흐름을 막아내기 위해서라면 모두가 필요한 조치였다.

　니콜라이 1세는 본래부터도 여가를 즐기는 유형이 아니었
고, 세월이 흐르면서 사치스러운 궁정 연회에 더더욱 흥미를 잃
었다. 그는 귀족들에 대해 아무 환상이 없었던 것 같다. 열 살인
아들 알렉산드르에게 "러시아 땅에서 남의 것을 훔치지 않는 사
람은 너와 나 둘 뿐이다"라고 말했다는 일화도 전해진다. 실제로
그가 재위하는 동안에는 장군들이 장관으로 임명되는 일이 많았
고 제국의 북서쪽 변방 출신의 (벤켄도르프 같은) 발트 독일계 귀족
들을 요직에 중용했다. 기존의 관료와 귀족들을 벗어나야 정직하
고 효율적인 인재를 찾을 수 있다고 느꼈던 것이다. 안타깝게도
기대했던 대로는 잘 되지 않았다.

　가장 충격적인 점은 니콜라이 1세가 농노제에도 반대 입장
이었다는 것이다. 여러 차례 비밀 위원회를 열어 이 해결불가능한
문제의 해결방안을 찾고자 했다. 비효율적이고 비인간적인 토지
노예제도, 주기적으로 봉기의 원인이 되고 사회 질서를 교란시키
는 원천, 차르제 질서의 중심인 지방 지주 귀족들을 소외시키는

이 제도를 어떻게 없애면 좋을까? 물리적 공격에 충분히 맞설 만큼 용감했던 니콜라이였으나 "현재 상태의 농노제가 악임은 분명하지만 지금 이를 폐지하려는 시도는 한층 더 파괴적인 악이 될 것이다"라는 결론을 내린 채 끝내 도전을 감행하지 못했다. 하긴 굳이 위험을 감수할 이유가 어디 있는가? 나폴레옹을 물리쳤다는 건 비록 후진적으로 보일지언정 러시아 체제가 충분히 강하다는 증거가 아닌가? 러시아 통치자들은 이후로도 오랫동안 그 생각을 떨치지 못했다.

유럽의 헌병

얼마간은 그런 생각이 그럴듯해 보였다. 니콜라이 1세는 재위 기간 대부분에 걸쳐 성공적인 전사-차르였다. 그는 러시아군에 열정과 시간, 그리고 어마어마한 돈을 쏟아 부었다. 전체 인구가 6-7천만 명인 가운데 군 규모는 백만 명에 육박했다. 하지만 외양 꾸미기를 진짜 전투 능력 효율화로 착각하고 있었다는 점이 곧 드러났다.

알렉산드르 1세가 그랬듯 니콜라이 1세도 전 세계의 전통 질서를 수호해야 한다는 책무를 느꼈다. 그리하여 러시아는 동료 군주들이 혁명의 불씨를 짓밟아 끌 수 있도록 도와주러 달려가는 '유럽의 헌병'으로 불리게 되었다. 1831년에는 폴란드 반란을 진압했다. 러시아가 폴란드인들의 헌법적 권리를 짓밟은 탓에 일어난 반란이었다. 한때 자기 의회까지 갖춘 왕국이던 폴란드가 임명된 러시아 총독이 다스리는 지역으로 격하되어 버렸던 것이다. 1848년, 유럽 각지에서 혁명이 일어났을 때도 러시아는 내부적으로 최악의 흉작으로 기아에 시달리고 콜레라가 유행하는 상황이었음에도 과거 질서 수호를 위한다는 명목으로 군대를 파견했다. 1846년, 오스트리아를 도와 크라코프 자유 도시 봉기를 진압한 니콜라이 1세는 1848년에 몰다비아 민족 운동을 분쇄하고, 1849년에는 합스부르크 제국에 러시아 군을 보내 헝가리 혁명을 저지했다.

다시 한 번 쌍두 독수리는 양쪽을 바라보았다. 니콜라이는 신의 뜻에 거스르는 불법적 자유주의로부터 유럽을 구해내는 동시에 유럽 사상으로부터 러시아를 보호하고자 했다. 서구 과학 기술의 발전상을 알고 있었으므로 유용한 것들은 도입하고자 했지만 그 유용한 것을 낳은 사회적·정치적·법적 맥락은 외면했다. 투자 자본을 만들 상인 계층이 번성하지 못한 상황, 대학과 교육계에서 자유로운 토론으로 아이디어를 만들지 못하는 상황, 그리고 혁신가와 회의론자가 새로이 등장할 사회적 이동성이 확보되지 못하는 상황에서 러시아는 영원히 뒤처진 채 남들의 발명품을 도입하고 적응하려 애써야 할 형편이었다.

니콜라이의 군대가 폭도들을 진압하는 동안, 심지어는 페르시아와 터키를 상대하는 동안에도 러시아는 그럭저럭 괜찮았다. 하지만 당대 가장 앞선 군사력을 보유한 영국과 프랑스를 상대로 싸우게 되었을 때는 매우 심각한 상태가 되었다. 니콜라이가 절대로 원하지 않았던 전쟁, 역설적이게도 유럽의 기존 질서를 보호하고자 한 그의 의지에서 촉발된 그 전쟁 말이다.

서구는 니콜라이를 남쪽과 남서부 영토를 다시 한 번 먹어치우려는 러시아 곰의 모습으로 묘사했지만, 실상 니콜라이는 안정된 상태를 유지하길 바랐다. 오랜 경쟁자 오스만 제국과 관련해서 이는 어려운 도전이었다. 무슬림 터키가 정교회 기독교 땅('두 번째 로마'였던 콘스탄티노플)을 점령했던 역사에서 비롯된 원한관계는 뿌리가 깊었다. 하지만 니콜라이는 쇠락해가는 오스만 제국에 압박을 가했다가는 자칫 멸망해버릴 위험이 있고 이는 유럽 남동부에 혼란을 가져오며 오스만의 동맹 프랑스와 영국을 자극하고 러시아의 동맹 오스트리아를 고립시킬 가능성이 커질 것을 두려워했다. 대신 그가 원한 것은 오스만이 위협을 가하지 못할 만큼 약해지되(장기적으로는 러시아의 속국이 될 수도 있었다) 붕괴될 정도까지 약해지지는 않는 상태였다. 니콜라이에게는 러시아의 곡물 수출에서 핵심 교역로였던 다르다넬레스와 보스포러스 해협을 이용할 수 있는 권리를 보장받는 일이 매우 절실했기 때문이다.

그리스인들은 오스만의 붕괴 혹은 일방적인 러시아 간섭을 우려하며 1821년과 1827년에 독립전쟁을 벌였다. 당시 영국과 프랑스는 러시아와 힘을 합쳐 오스만 제국을 압박해 그리스에 자율권을 부여하도록 했다. 연합 함대는 나바리노Navarino에서 노후화된 오스만군을 대파했지만, 술탄 마흐무드 2세는 패배를 인정하지 않았다. 그리고 다르다넬레스에 러시아 배가 지나지 못하도록 막아버렸다. 이에 니콜라이는 10만 병력을 동원했고, 몇 차례 격전이 이어졌다. 결국 1829년, 오스만 제국은 마지못해 러시아와 평화 협정을 맺었다.

크림 전쟁의 전환점

궁극적으로 '동방의 문제'는 터키보다는 유럽 열강들의 정치와 관련이 더 깊었다. 영국은 러시아의 팽창주의를 두려워했다. 영국과 러시아 양국은 상대가 혼란한 세계에 반응하는 단기적이면서도 서툰 조치를 통해 사악한 장기 전략을 읽어내고자 했다. 프랑스의 새로운 황제 나폴레옹 3세는 승리를 꿈꾸었다. 오스만은 러시아를 두려워했다. 그리고 러시아의 니콜라이는 지중해 지역에서 차단될 것을 두려워했을뿐 아니라 서구의 이중 잣대에 대해 분노했다. 그 감정은 러시아 학자 미하일 포고딘Mikahail Pogodin의 "서구로부터 러시아는 맹목적인 증오와 악감정 외에 아무 것도 기대할 수 없다"라는 말이 정확히 표현하고 있다.

오스만이 점령한 성지에서 기독교도의 권리에 대한 다툼은 니콜라이가 스스로를 정교 공동체의 수호자라고 생각하게 만들었다. 합의를 중재하려는 시도가 실패로 돌아간 후 오스만은 영국과 프랑스가 지원해주리라 믿으며 1853년, 러시아에 전쟁을 선포했다. 러시아군이 다뉴브강을 건너 루마니아로 진격하고 러시아 전함들이 시노페Sinope에서 투르크 함대를 전멸시키는 등 초기 분위기가 심상치 않자 오스만의 멸망을 걱정한 프랑스와 영국은 서둘러 발칸에 군대를 파견했고 러시아는 뒤로 물러서야 했다.

국내의 강경 분위기에 떠밀린 영국과 프랑스 정부는 가만히 있기 어려운 상황이었다. 이를 두고 칼 마르크스와 프리드리히 엥겔스는 "아무 것도 하지 않는 프랑스와 가능한 한 빨리 도와주려는 영국"이라고 평했다. 그리하여 양국은 크림반도, 그리고 러시아의 흑해 기지인 세바스토폴로 관심을 돌렸다. 연합군이 도시를 차지하기까지 근 1년이 걸렸고 이는 양측의 용감함만큼이나 무능함을 드러내주었다. 통신이 제대로 되지 않아 영국 기병대가 러시아군 대포 아래로 돌진한 악명 높은 '기병대 돌격' 사건이 그 절정이라 할 수 있다.

그럼에도 이 전쟁은 러시아에게는 전환점이 되었다. 하지만 니콜라이는 세바스토폴이 함락되기 전인 1855년에 사망하는 바람에 그 결과를 보지는 못했다. 그의 죽음과 함께 러시아의 후진성을 애써 덮으려 했던 자기 위로도 사라졌다. 영국과 프랑스 군은 증기선 덕분에 신속한 충원과 물자 보급이 가능했다. 반면 러시아는 자기 땅에서 싸우면서도 도보 이동에만 의존하는 상황이었다. 영국과 프랑스 보병 손에 들린 소총은 러시아 구식 활강대포보다 사거리가 길었다. 차르의 장군들이 아무리 영리한 전략을 세우고 군대가 용맹하게 싸운다 해도 농노로 구성된 군대의 열세, 훈련 부족, 명령체계 비효율을 감출 수는 없었다. 모든 면에서 이는 러시아의 사회적·경제적·기술적 상황을 여실히 드러냈다.

이 전쟁은 러시아가 이제껏 겪은 사건 중 가장 큰 촉매제가 되어 야심찬 사회적·기술적 개혁 프로젝트로 이어졌다. 니콜라이의 아들로 새로운 차르가 된 알렉산드르 2세(1855-1881)는 신속히 화평을 청하고 국내로 시선을 돌렸다. 러시아는 근대화에 실패했고, 그 실패로 인해 공격적 제국주의와 유럽의 권력 재편 시대에 취약한 입장에 처했다. 농노들은 자기 땅을 원했는데 이것이 지주엘리트에 의존하는 제국을 어떻게 변화시킬지는 아무도 모르는 일이었다. 서구주의자들은 입헌군주제와 공업화를 원했는데 이역시 러시아에 무엇을 의미하는지 알 수 없었다. 보수 슬라브주의

짧고 굵게 읽는 러시아 역사

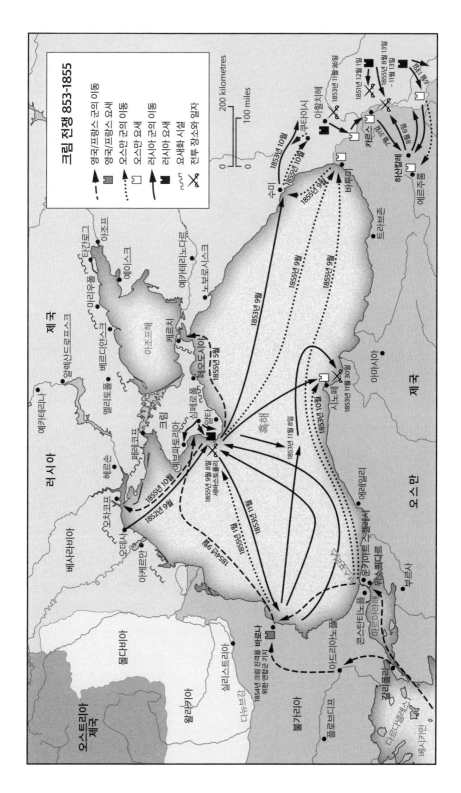

크림 전쟁 853-1855

영국/프랑스 군의 이동
영국/프랑스 요새
오스만 군의 이동
오스만 요새
러시아 군의 이동
러시아 요새
요새화 시설
전투 장소와 일자

200 kilometres
100 miles

자들은 러시아 문화가 서구의 퇴폐 분위기를 일소해야 한다고 역설했는데 이를 시급한 근대화와 어떻게 조화시킬지조차 가늠하지 못했다. 그러나 무언가 해야 한다는 데는 모두 동의했다. 이를 두고 톨스토이는 이렇게 말했다. "러시아는 몰락하거나 변신하거나 둘 중 하나일 수밖에 없다." 하지만 '무엇'을 할 것인가에 대해서는 합의가 이루어지지 않았다. 모두들 알렉산드르 2세만 바라보았다.

농노해방

즉위식 전부터 알렉산드르 2세는 아버지 니콜라이가 거부했던 난관을 정면돌파할 것임을 분명히 했다. 그는 선언했다. "농노제가 아래로부터 무너지기를 기다리는 것보다 위에서부터 없애는 것이 낫다." 혁명을 방지하기 위해서, 또한 외국 세력이 러시아 정치에 끼어들 여지를 주지 않기 위해서 개혁은 꼭 필요했다. 다만 그 개혁은 위에서 총괄해야만 했다. 그래야 신중한 진행이 가능했기 때문이다. 농민 계층의 정치적 후진성, 중산층의 부재, 귀족의 이기심 사이에서 차르 외에 그 일을 책임질 사람이 없었다는 이유도 컸다.

하지만 이런 상황은 알렉산드르의 개혁에 두 가지 치명적

짧고 굵게 읽는 러시아 역사

인, 그리고 타협 불가능한 모순을 안겼다. 첫째, 무엇보다도 자유화가 문제였다. 법 앞의 평등, 입헌주의 등은 국가와 차르의 무한 권력을 크게 제한할 수밖에 없었고 따라서 강력한 통치력으로 개혁을 끌고 가야 한다는 알렉산드르의 믿음에 배치되었다. 개혁이 만들어내고 또 요구했던 적극적 정치세력들은 독립적 행동력을 상실한 채 국가에 봉사해야 할지, 아니면 불온분자로 낙인찍힐지 선택해야 하는 상황에 처했다. 두 번째 모순은 개혁 실현의 문제였다. 개혁의 과정에서 알렉산드르는 관료와 귀족, 다시 말해 개혁으로 이해관계가 위협 받는 바로 그 존재들에 의존해야 했던 것이다. 그럼에도 차르에게는 딱히 이들밖에는 의지할 사람이 없었다.

결국 알렉산드르는 '개혁가 차르'라는 칭호를 얻어냈다. 정치범을 사면하고 검열을 완화했으며 대학의 독립을 보장하고 독립된 법원을 세웠다. 가난한 사람들을 위한 학교를 대폭 늘렸다. 그의 '대개혁'의 핵심은 마침내 농노제를 폐지한 것이었다. 이를 통해 러시아의 농업 및 사회 기반을 일신하고자 했다. 차르의 신민 6천만 명 가운데 4천6백만 명에 달하는 농노는 자기 소유가 아닌 땅을 경작하는 빈민이자 자랑스럽지 않은 조국을 위해 억지로 차출되는 병사였다. 1861년의 농노해방령은 이 상황을 바꾸겠다는 선언이었고, 신분에 따라 이후 2-5년 사이에 농노들을 자유의

몸으로 만들어 주겠다고 약속했다. 하지만 농노들이 간절히 원한 것은 자기 소유의 땅이었고 여기서 문제가 발생했다. 농노가 경작하던 땅을 소유하도록 허락하면 지주 귀족들 대부분이 단번에 파산지경에 처할 터였다. 그리하여 농노들은 이후 49년에 걸쳐 비용을 지불하며 토지를 구입해야 한다는 결정이 내려졌다.

이러한 고전적 타협 방식은 어느 누구도 만족시키지 못했다. 여러 세대에 걸쳐 상트페테르부르크의 '작은 하느님'이 자신을 해방시켜 줄 날만 기다렸던 농노들의 초기 열광은 피와 땀을 바쳐 일궈온 땅, 마음속으로는 이미 자기 것이라 믿었던 그 땅을 (대부분의 경우 감당할 수 없는 액수의) 돈을 내고 사야 한다는 것을 깨닫는 순간 분노로 돌변했다. 1861년 한 해 동안만 해도 폭력과 시위를 진압하기 위해 군대가 출동하는 일이 하루에 한번 이상 일어났다. 지주들도 불만스럽기는 마찬가지였다. 많은 지주가 국가에 채무를 진 상태였고 토지에서 벌어들인 돈을 그대로 정부에 갖다 바치는 일이 많았던 것이다. 농민들이 지출만큼 수확을 올리지 못하면 그나마 벌어들일 수입도 사라졌다. 설상가상으로 농노해방과 함께 행정제도 개편이 이루어지면서 새로운 선출직 자치기관인 젬스트보zemstvo가 생겨났고 지방 귀족들은 세금 징수부터 재판까지 국가 업무를 수행해야 했다.

그 와중에 새로운 계층이 부상하고 있었다. 도시가 확장되면서 상인 계층이 늘어난 것이다. 지주와 농노 소유자들이 처리하던 많은 역할이 전문화되면서 공공 서비스가 확대되었다. 대학도 많아졌다. 1860-1900년 러시아에서 전문 교육을 받은 사람은 2만 명에서 8만 5천 명으로 늘어났다. 여전히 전체 인구에서 적은 비중이기는 했지만 사상 처음으로 농민도, 귀족도 아닌 중간층이 독특한 자의식을 지닌 인텔리로 자리잡았다. 서구 사상과 러시아 문화의 영향을 동시에 받은 이들은 훗날 혁명 운동의 근간을 이루게 된다. 삶의 모든 영역에서 새로운 아이디어가 낡은 질서의 벽과 충돌했다. 예술가들은 한 세기 넘도록 보수적 문화기준을 요구해온 상트페테르부르크 황실예술아카데미의 형식주의에 도전했다. 부유한 여성들, 그리고 상트페테르부르크 문학계 인사들은 교육 기회 확대를 부르짖었다. 어느 대학 강사가 표현했듯 "여성의 한계를 여성 자신보다 더 잘 아는 듯한" 전통주의자들의 반대를 넘어서서 말이다. 기존 질서에 불만족한 이들은 상소문 작성부터 폭탄 투척에 이르기까지 점점 더 자유롭게 자기 의사를 표현하고 주장을 내세웠다.

알렉산드르는 개혁에 대한 이런 반응에 아마도 충격을 받았던 듯하다. 그 아버지에 그 아들임을 보여주듯 본능적 반응은 억압 정책으로 되돌아가는 것이었다. 경찰이 강경 진압하면 할수록 폭력 시위가 심해지는 악순환이 반복되었다. 도시적 낭만주의에 취한 인민주의자들은 그즈음 서구에서 일어난 사회주의를 받아들였고 농민 공동체를 이상적 공산주의 소국가라 여겼다. 하지만 이런 믿음으로 '인민 속으로' 들어갔을 때 정작 농민들은 이들을 무시하거나 몰아내거나 경찰에 넘겼다. 그리하여 이들은 테러리즘으로 돌아섰다. 귀족과 장군을 한명씩 죽일 때마다 헌병대와 특별3부 측의 대응은 격렬해졌고, 이는 다시 혁명가 조직에 더 많은 자원자들이 몰리게 만들었다.

시간이 흐르면서 알렉산드르는 인텔리겐차 극단주의와 농민 시위가 서로 분리된 현상임을 이해했고, 압제에서 물러서기로 결정했다. 1881년 3월 13일 오전, 그는 입헌주의를 포함한 더 강한 개혁을 시작하기 위한 위원회를 소집하기로 결심했다. 이미 일곱 차례나 암살을 시도했다가 실패한 테러 단체 '인민의 의지 Narodnaya Volya'가 마침내 차르를 암살한 것은 공교롭게도 바로 그날 오후였다.

반동

알렉산드르 2세의 아들이자 후계자인 알렉산드르 3세(재위 1881-1894)는 상황이 아주 좋을 때라 해도 속 좁은 인물이었다. 아버지가 살해당한 상황이었기 때문에 한층 더 반동적인 노선을 택할

가능성이 높았다. 개인교사 콘스탄틴 포베도노스체프의 사고를 답습한 그는 러시아의 소수민족, 특히 유대인을 탄압했고, 광범위한 탄압 정책을 감행했다. 대학에 들어가거나 '책임 있는' 직업을 가지려면 경찰의 '신용' 확인서가 필요했다. 토지 감독관으로 임명되어 파견된 이들은 각 지역의 절대 권력자로 군림했다. 근대화 딜레마에 대한 차르의 대응은 농민들에게 더 가혹한 세금을 매겨 거둔 돈으로 러시아에 필요한 것을 서구에서 사오는 것이었다. 당시 재무장관 이반 비슈네그라드스키는 "굶주리더라도 내다 팔자"는 말로 이를 표현했다(재무장관 자신은 대부호였으므로 굶주릴 위험이 거의 없었다. 하지만 1891-1892년의 기근 동안 굶어죽은 러시아인은 50만 명에 달했다.)

1894년, 알렉산드르 3세가 사망하고 그 아들 니콜라이 2세(재위 1894-1917)가 뒤를 이었다. 로마노프 왕조의 마지막 차르이자 가장 불운한 차르였다. 당시의 러시아 제국에게는 표트르 대제의 의지, 예카테리나 여제의 재치, 드미트리 돈스코이의 간계, 알렉산드르 2세의 개혁, 그리고 니콜라이 1세의 강철 같은 확신이 모두 필요했다. 그러나 니콜라이는 완고한 보수주의자에 우유부단했고 의지가 강하기보다는 온화했으며 좋게 말해 거만한 편이었다. 스스로도 준비가 되어 있지 않다고 느낀 그는 대관식 전날 사촌이자 사돈관계인 알렉산드르 대공에게 "내게, 그리고 러시아에 어떤 일이 일어나게 될까?"라고 물었다고 한다.

멍청하면서 성실했던 그는 최악의 지도자였다. 러시아가 당면한 도전들, 경제 발전 성공이 역설적으로 한층 부각시킨 도전들에 대해 차르가 아무런 답도 내놓을 수 없다는 점이 곧 드러났다. 비슈네그라드스키의 후계자 세르게이 비테Sergei Witte가 이끈 러시아 경제는 1890년대에 매년 5% 가량 성장했다. 하지만 실질 평균 소득은 오히려 감소했으므로 건실한 성장과는 거리가 멀었다. 도시가 커지면서 경찰도 들어갈 수 없는 최악의 빈민가가 형성되었고 새로 등장한 공업화된 일터는 혁명 사상이 퍼져나가는 온상이었다. 사람들은 굶주리며 분노했다. 불꽃만 튀면 바로 폭발할 상황이었다.

그 불꽃은 멀리 동쪽에서 튀었다. 동쪽으로 팽창한 러시아는 만주와 조선을 두고 적대적인 신흥세력 일본과 갈등에 휘말리고 있었다. 그러나 일본이 유럽 열강을 상대로 전쟁을 벌이지는 않으리라 믿은 니콜라이는 협상을 위한 노력을 거의 하지 않았다. 1904년 일본이 뤼순군항의 러시아 함대를 기습 공격하자 니콜라이는 경악할 수밖에 없었다. 그럼에도 "작은 전쟁에 멋진 승리를 거둠으로써"(내무장관 뱌체슬라프 플레베의 표현이다) 국가가 단합하는 데 도움이 되리라 믿은 것으로 보인다.

실상은 기대와 전혀 다르다는 점이 곧 드러났다. 일본은 급

속도로 근대화를 이룬 상태였고 자국 인근에서 싸우고 있었다. 육지와 바다에서 일본군은 진격을 거듭했고 다급해진 러시아는 태평양 함대를 보강하기 위해 머나먼 발트 함대를 불러올 수밖에 없었다. 발트 함대는 영국의 청어잡이 선단을 일본 어뢰정으로 오인해 발포하는 실수를 저질러 아예 극동으로 가지 못할 뻔하기도 했다. 이때 선단에서는 어선 단 한 척이 가라앉은 반면 십자포화 와중에 오히려 러시아 순양함이 손상되었다는 점은 상당히 인상적이다. 영국과 전쟁을 벌이게 될 상황은 가까스로 면했지만 일곱 달 동안 바닷길 1만8천 마일(3만3천 킬로미터)을 항해한 발트 함대는 1905년 쓰시마 전투에서 완패했고 이로써 러일 전쟁이 종결되었다.

값비싸고 치욕적인 패배는 정권에 큰 상처를 남겼다. 차르는 신의 선택을 받은 대표자이자 '작은 하느님'이라는 권위를 여전히 유지했으나 이것이 오래 지속되지는 못했다. 1905년 1월, 존경하는 차르에게 직접 청원하겠다는 일념으로 15만 명 넘게 모인 사람들이 상트페테르부르크의 겨울 궁전을 향해 행진하기 시작했다. 이콘 성화를 앞세우고 찬송가를 부르는 평화시위였다. 당시 차르는 겨울 궁전에 있지도 않은 상황이었는데 누군가 겁에 질려 총을 쏘기 시작했고 황실 친위대도 일제히 발사를 시작했다. 포연이 가시고 나니 시위대와 행인 수백 명이 쓰러져 죽은 참사가 벌어져 있었다. 이와 함께 차르에 대한 마지막 신뢰도 스러졌다. 온 국가가 훨훨 타오르게 되는 불길이 당겨진 셈이었다. 차르 체제를 마침내 쓸어내 버리게 될 1917년을 예고하는, 볼셰비키 지도자 레닌이 훗날 "위대한 최종 리허설"이라 부르게 될 바로 그 사건, 1905년 혁명이 다가오고 있었다.

더 읽어볼 자료 ✍

도미닉 리벤Dominic Lieven의 《Russia Against Napoleon》(펭귄, 2009)은 레프 톨스토이의 대하소설인 《전쟁과 평화》에 필적하는 중요하고 상세한 역사서이다. 글 솜씨가 빼어난 W. 브루스 링컨W. Bruce Lincoln 은 《Nichoas I》(노던일리노이 대학교 출판부, 1989)라는 최고의 전기, 그리고 20세기 전환기의 러시아를 실감나게 그려낸 《In War's Dark Shadow》(옥스퍼드 대학 출판부, 1983)을 냈다. 로버트 서비스Robert Service가 쓴 《The Last of the Tsars: Nicholas II and the Russian Revolution》(맥밀란, 2017)은 결점 투성이 인간에 대한 비판적 전기이다. 그 시대 인물인 퀴스틴Custine 후작이 냈던 《Empire of the Czar》(더블데이, 1989)는 오늘날에도 여전히 중요한 책이다.

7
동지들, 삶이 더 나아지고
더 밝아질 것입니다

스탈린

✕ ✕ ✕

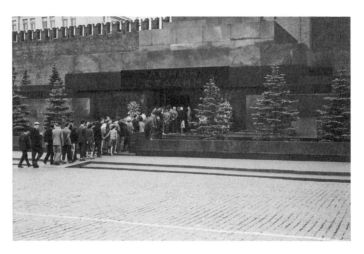

레닌-스탈린 묘, 1957년(©맨프레드 & 바버라 올바흐, CC-SA-3.0)

지극히 반反귀족적인 혁명 정권이 지도자인 레닌의 뜻을 거스른 채 그의 유해를 미라로 만들고 성인으로 떠받들던 일을 어떻게 해석해야 할까? 동지와 협력자들 대부분을 살해한 잔혹한 독재자가 잠시나마 레닌 곁에 누워 전국에서 모여드는 순례객들의 참배를 받았던 일은? 국제주의를 외치는 공산당이 차르의 제국을 차지한 후 제국 시절 못지않은 열정으로 영토를 확장했던 일은? 마르크스주의와 레닌주의 평등에 헌신을 다짐한 소비에트 혁명가들이 결국은 당원증을 휘두르는 세습 계층이 되어 대귀족 저리 가랄 정도의 탐욕과 이기심을 드러낸 일은? 근대화 대對 안

짧고 굵게 읽는 러시아 역사

정 혹은 유럽인 대對 외부인이라는 딜레마가 20세기 러시아를 여전히 좌지우지하는 상황은? (1922년에 도입된) 새로운 붉은 깃발도, 마지막 차르와 그 가족의 처형도 완전히 새로운 나라를 만들어내기에는 역부족이었던 것일까.

1905

1905년 혁명은 정부를 끌어내리기 위한 조직화된 노력이라는 정의를 대입한다면 실상 혁명이라고 보기 어렵다. 그보다는 불안과 분노에서 나온 시위, 소요, 저항, 봉기의 연쇄에 가까웠다. 이는 차르 체제나 당시 상황에 대한 존재적 위협이 아니었지만 궁지에 몰려 공황 상태에 빠진 엘리트들에게는 그렇게 보였다. 무려 200만 노동자들이 참여한 파업이 일어난 후 니콜라이 2세는 어쩔 수 없이 헌법, 새로운 언론과 종교의 자유, 선출직 의회를 약속하는 선언을 내놓았다. 혁명가들은 그 어떤 협상도 거부했지만 보다 온건한 세력, 특히 입헌민주당Kadet은 이를 올바른 방향으로 가는 전진으로 받아들였다.

    새로운 헌법인 '기본법Fundamental Laws'이 도입된 1906년, 정부는 자신감을 되찾은 것이 분명했다. 차르는 전과 마찬가지로 전제군주였고 하원 두마Duma는 중류 및 상류계층에 편중된 투표권을 바탕으로 선출되었으며 상원인 국가회의 구성원 절반은 차르가 임명한 이들로 채워졌다. 제1두마 의석 대부분을 차지한 입헌민주당은 더 광범위한 헌법적 변화를 요구했다. 이에 정부는 두마를 해산했다. 1907년의 제2두마에서는 도시 기반의 사회민주당과 지역 기반의 사회혁명당(두 당 모두 마르크스주의였다)을 포함해 극단적 정당들이 의석을 차지했다. 정부는 다시 이를 해산하고 투표권을 부유층에게만 부여했다. 제3두마는 차르에 충성하는 분위기였다.

　가차 없는 강경진압이 효과를 발휘한 덕분에 저항 운동이 조금 가라앉자 차르는 '정상 상태'로 되돌아가기를 바랐다. 하지만 강력한 신임 총리 표트르 스톨리핀Pyotr Stolypin은 다른 계획을 갖고 있었다. 질서를 되찾기 위해 사형선고를 얼마나 많이 내렸는지 교수형 올가미에 '스톨리핀 넥타이'라는 별명이 붙을 정도였을 만큼 그는 자유주의와는 거리가 멀었다. 하지만 동시에 사회적 토대를 재건할 시스템의 필요성을 절감하는 노련한 수완가이기도 했다. 스톨리핀은 새로운 지역 개편을 구상했다. 농노 상태에서 해방되었다고는 해도 비효율적인 공공 토지 소유 탓에 농민들은 여전히 빈곤했다. 그는 공동체를 쪼개 더 능력 있고 부지런한 농민들로 구성된 새로운 계층인 쿨라크kulak를 형성하고자 했다. 즉, 부유한 소농을 만들 수 있는 '강자 우선' 정책을 지향한 것이다.

짧고 굵게 읽는 러시아 역사

쿨라크는 독일 보수주의의 보루 역할을 하는 바로 그 계층이었다.

"내게 평화로운 20년만 준다면 러시아는 몰라보게 바뀔 것이다"라고 그는 공언했다. 하지만 러시아에게 평화로운 20년은 주어지지 않았다. 농민들은 공동체 해체에 저항했고, 귀족들은 어떤 변화든 미심쩍게 바라보았다. 니콜라이 2세의 불만도 점점 커졌다. 1911년, 결국 스톨리핀이 암살당했다. 차르에게 사전 보고가 되었으리라 여겨지는 이 암살로 의미 있는 개혁의 가능성은 사라졌다. 혁명 지도자 레닌은 "스톨리핀 정책 실패는 차르 체제가 갈 수 있었던 마지막 길의 실패다"라는 말로 가장 정확한 평가를 남겼다.

혁명가들은 계속 세를 불렸다. 사회민주당은 1906년 레닌의 볼셰비키('다수당'이라는 뜻이지만 실상은 규모가 더 작았다)와 멘셰비키로 나눠졌다. 멘셰비키 측은 서서히 대중의 지지를 키워가는 것이 혁명을 향한 최고의 방법이라고 여겼다. 이와 달리 레닌은 때가 오면 훈련된 전문 혁명가들 소수만으로도 권력을 잡을 수 있다고 말했다. 필요한 것은 기회였다. 그리고 세계대전이 곧 그 기회를 가져오고 있었다.

전쟁과 혁명

칼 마르크스는 전쟁이 "국가를 시험대에 세운다. 전쟁에 노출되면서 미라는 곧 소멸된다. 전쟁은 수명을 다한 사회 체제에 준엄한 심판을 내린다"라고 했다. 좀비 정권의 존재를 마침내 끝낸 것이 1차 세계대전이라는 점에서 그 말은 옳았다. 1914년 즈음 유럽의 세력 균형은 깨진 상태였다. 오스트리아-헝가리, 러시아, 오스만 제국은 쇠퇴하고 있었고, 떠오르는 독일은 새로운 패권을 노렸으며 영국, 프랑스 등 여러 나라의 식민지 쟁탈전이 격화되었다. 충돌은 시간문제였다. 햇살 좋은 어느 일요일 아침, 사라예보에서 보스니아계 세르비아인 가브릴로 프린치프가 오스트리아의 프란츠 페르디난트 대공을 암살하면서 도미노가 쓰러지기 시작했다. 오스트리아가 독일의 지원을 등에 업고 세르비아에 강경한 태도를 보이자 러시아는 어쩔 수 없이 정교도 세르비아인들을 지원해야 했다. 거대한 러시아군이 움직일 가능성을 사전에 막기 위해 독일은 선제 공격을 감행했다. 신규 도전자의 세를 억눌러야 하는 프랑스와 영국은 러시아에 합류할 수밖에 없었다.

전쟁 초기, 총알받이가 되어야 할 대중들이 애국심에 들떠 전쟁을 환영하는 기이한 풍경이 펼쳐졌다. 하지만 러시아가 최초의 산업화된 현대 전쟁이라는 시험대를 통과할 수 없다는 점은 자명했다. 1917년 10월까지 징집된 러시아군 1,550만 명 중

180만 명이 넘게 사망했고 (민간인 사망자도 150만 명에 달했다) 부상자가 350만 명, 포로로 잡힌 경우가 200만 명 이상이었다. 최악의 시점에 러시아의 월 사상자 수는 15만 명에 달했다. 군화도, 심지어는 소총조차 없이 전장에 끌려 나간 병사들이 기관총과 속사포 세례를 받은 결과였다. 살육 현장에 희생자를 채워 넣어야 했던 러시아 당국은 닥치는 대로 강제징집을 늘렸다. 그 와중에 경제는 파탄지경이었다. 1914-1917년 동안 물가는 400퍼센트 올랐으나 임금은 정체 상태였고 국민들은 굶주렸다.

오만함과 성실함, 우둔함의 특성을 두루 갖춘 니콜라이 2세는 처음부터 총사령관을 자처했다. 신속히 승리를 거둬 정치적 입지를 강화할 속셈이었지만 그러기는커녕 실패와 고난의 상징이 되어 버렸다. 러시아의 패전이 점점 가시화되는 가운데 황후 알렉산드라가 독일 출생이라는 점, 그리고 황제 니콜라이가 음탕한 괴승 라스푸틴에게 (그가 살해당한 1916년까지) 이리저리 휘둘렸다는 점은 충격적이면서 위험한 온갖 소문들을 낳았다. 1917년 2월이 되자 수도 페트로그라드(전쟁 초기에 상트페테르부르크의 이름이 이렇게 바뀌었다. 독일어처럼 보이는 이름이었다.) 수비대가 배고픈 민중의 시위 진압을 거부하고 심지어 엘리트 호위 부대가 반란을 일으키는 지경에까지 이르렀다.

페트로그라드에는 하나가 아닌 두 정부가 출범했다. 하나는 두마가 헌법 질서 회복을 위해 입헌민주당 위주로 구성한 임시정부였다. 다른 한편 노동자와 병사 혁명가들은 멘셰비키가 주도하는 페트로그라드 소비에트(소비에트는 '위원회'라는 뜻이다)에 기대를 걸었다. 니콜라이 2세는 휘하 장군 및 고문들로부터 퇴위를 종용당했다. 그는 남동생 미하일 대공에게 자리를 넘기려 했지만 대공은 그것이 독배임을 알아보았다. 갑자기 차르가 없는 상태, 신적 권위의 대표자가 부재하는 상황이 되어버렸다.

소식이 퍼져나가면서 낡은 질서가 무너져 내렸다. 임시정부와 페트로그라드 소비에트는 경쟁에 돌입했다. 이 시기는 흔히 '이중 권력기'라 불리지만 실상은 권력 공백기였다. 입헌민주당은 정부의 모든 기능을 가지고 있었지만 소비에트가 지시를 따라주지 않았다. 또한 어쩔 수 없이 전쟁을 이어가는 모습을 보임으로써 폭넓은 지지를 확보하지 못했다. 소비에트는 거리의 지지를 얻었지만 지나치게 분열되었고 자금이 턱없이 부족했다. 권력의 진공 상태가 된 것이다. 자연도 그렇지만 정치 역시 진공을 싫어한다. 누군가 이를 채워야 했다. 냉정한 실용주의자 레닌은 때가 왔음을 깨달았다.

독일은 자국에 은신하고 있는 레닌이 적국 러시아를 내부로부터 파괴해줄 잠재적 인물임을 간파했다. 그해 봄, 레닌은 독일의 도움으로 안전하게 러시아로 들어갔고 덕분에 볼셰비키 권력

짧고 굵게 읽는 러시아 역사

기반이 형성될 수 있었다. 1917년 11월 7일 (러시아 구력으로 10월 25일) 볼셰비키 혁명이 이루어졌다. 골목골목에서 붉은 깃발을 흔들어대는 민중 봉기의 모습으로 훗날 크게 미화되었으나 실제로는 무장 쿠데타였다. 볼셰비키 붉은 호위대가 겨울 궁전, 주요 요새와 무기고를 장악했고 임시 정부는 무너졌다. 주요 도시들 대부분도 혁명가들 손에 들어왔다. 레닌은 러시아 민중들에게 '평화, 빵, 땅'을 주겠다고 했다. 그게 어떻게 가능할지 의문이 많았지만 그 시도를 가로막으려 드는 사람은 없었다. 권력을 차지하는 일은 쉬웠다. 어려운 것은 그 권력을 유지하는 일이었다. 이를 위해 볼셰비키들이 결국 하게 되는 타협들은 소비에트 정권의 미래를 결정했다.

레닌 vs. 레닌

여러 면에서 레닌은 한 명이 아니라 두 명이었다. 1870년에 출생한 블라디미르 일리치 울리야노프는 친형이 차르 암살 기도 혐의로 처형당한 17세 이후 혁명의 길을 걸었다. 냉정하고 포기를 모르며 불화를 야기하는 인물인 그는 거의 평생을 시베리아에서, 혹은 외국에 추방된 상태에서 도망 다니며 살았다. 자신이 만든 볼셰비키당과 마찬가지로 레닌도 한때는 억압, 고통, 착취 없는 세상을 꿈꾸는 열렬한 이데올로기 신봉자였다. 동시에 이 목표를 위해서는 그 어떤 잔혹한 유혈 수단도 정당화된다고 믿는 단호한 실용주의자이기도 했다.

1917년에 권력을 잡은 인물은 '실용주의자 레닌'이었다. 그는 러시아가 정치적으로 성숙한 거대한 노동계급을 갖추지 못했고, 아직 사회주의를 건설할 준비가 되지 않았다는 것에 아랑곳하지 않았다. 마르크스가 《루이 보나파르트의 브뤼메르 18일The Eighteenth Brumaire of Louis Napoleon》에서 준비 안 된 나라에 사회주의를 억지로 도입했다가는 보수적인 성향에 혁명 에너지만 넘치는 정권을 낳는 역효과가 나타난다고 경고했음에도 귀를 기울이지 않았다.(이 경고가 옳다는 것은 스탈린이 증명했다.) 레닌은 기회를 포착했고 이데올로기를 동원해 권력 획득을 정당화했다. 어차피 세계 혁명이 곧 일어날 테니 모든 일이 순조롭게 귀결되리라 생각한 것이다.

하지만 그렇게 되지 않았다. 볼셰비키는 평화라는 약속을 지키기 위해 유럽의 동맹국연합과 치욕적인 브레스트-리토프스크Brest-Litovsk 조약에 서명했다. 풍요로운 우크라이나 농지를 포함해 서쪽과 남쪽 영토를 포기한다는 약속이었다. 이로써 전선에서 철수하게 된 군대의 장군들은 혁명 정권을 제거할 방법을 찾기 시작했다. ('백군'이 된 것이다.) 병사들이 도주하면서 증발되어 사라진 부대도 많았다. 그 와중에 실시된 제헌의회 선거에서는 볼셰비키가 아닌 사회주의 혁명가들이 대다수 당선되었다. 국내 경쟁자에게 넘겨주기 위해 권력을 차지했을 리는 만무했으므로 1918년 1월 붉은 호위대는 제헌의회를 강제 해산하고 볼셰비키가 주도하는 소비에트를 새로운 정부로 만들었다.

더 시급한 것은 빵 문제였다. 도시들은 굶주렸고 이들을 위해 식량을 사들일 돈은 없었다. (영국, 미국, 프랑스, 심지어 일본까지 개입하게 된) 백군의 군사적 위협, 비非 러시아 지역의 민족주의 운동, 사회주의 혁명당으로부터의 도전, 국가와 경제의 붕괴 위기에 당면한 실용주의자 레닌은 '전시 공산주의'라는 정책으로의 전환을 감행했다. 여기서 더 중요한 것은 '공산주의'가 아닌, '전시'였다. 소비에트의 민주적 구조보다 행정명령이 우선된 것이다. 붉은 호위대가 식량을 강제 징발했고 저항하는 농민은 사살되었다. 체카Cheka('비상위원회'의 머릿글자를 딴 명칭이다 – 옮긴이)라는 새로운 비밀 경찰이 생겨나 볼셰비키 통치에서 점점 더 중심적 역할을 맡았다.

1918-1922년 동안 러시아는 끔찍한 내전으로 만신창이가 되었다. 결국은 볼셰비키가 승리했고 우크라이나와 카프카스 같은 지역들도 되찾았지만 크나큰 대가를 치러야 했다. 국민 1,200만 명이 사망했는데 대부분이 기아와 질병 때문이었다. 공

산당(볼셰비키당이 1918년 이후 알려진 명칭이다)이 가차 없는 규율과 단합으로 무장하고 무수한 적을 물리치는 과정에서 '이상주의자 레닌'의 모습은 흔적 없이 사라졌다. 공산당은 새로운 국가 관료 기구가 되어야 했고 급격히 규모를 불렸다. 기회주의자, 구舊체제의 인물들, 정치적 문맹인 노동자들을 대거 유입한 덕분이었다. 그렇게 만들어진 공산당 문화는 전투적이고 편집증적인 데다 야만적이었다.

내전이 끝난 후 러시아는 소비에트사회주의공화국연방Union of Soviet Socialist Republics, USSR이라는 공식 명칭을 갖게 되었다. 하지만 투쟁은 끝나지 않았다. 경제 재건을 위해 레닌은 1921년, '신경제정책'을 발표해 풀뿌리 경제 활동을 자유화했다. 간헐적으로 위기가 발생하긴 했어도 경제정책은 성공적이었고 동시에 소비에트 러시아는 문화적, 사회적, 예술적 실험이 폭발적으로 일어나는 급진적 열정의 시기를 맞았다. 블라디미르 마야코프스키를 위시한 미래주의 작가들 및 카지미르 말레비치 같은 아방가르드 예술가들의 시대였다. 여성을 동등한 지위의 배우자로 인정하며 (남편의 성을 따르는 것도 선택의 문제가 되었다) 이혼을 손쉽고 비난 받을 필요 없는 일로 만든 1918년의 '결혼, 가족, 후견법' 등과 같은 사회적 조치들도 동반되었다. 진정 새롭고 설레는 무언가가 만들어질 수 있다는 믿음은 그때까지만 해도 가능했다.

짧고 굵게 읽는 러시아 역사

하지만 1922년, 레닌이 첫 번째 뇌졸중을 겪고 정치 무대에서 퇴장하는 일이 벌어졌다. 그는 1924년에 사망했는데 이미 그 자신이 만들어낸 관료주의 경찰국가에 대해 심각한 우려를 표명한 후였다. 특히 이상주의자 레닌은 요시프 주가슈빌리Iosif Djugashvili, 즉 스탈린의 부상에 대해 걱정했다. 볼셰비키 지도자들에게 남긴 유서에서 그는 "동무들이 스탈린 제거 방법을 생각해두는 것이 좋겠소"라고 분명하게 경고했다. 하지만 당의 분열을 막는 데 급급했던 지도자들은 그의 말에 귀를 기울이지 않았다. 시키는 대로 일 잘 하는 스탈린이 (당시 그는 당 서기장이었는데 훗날 국가 지도자를 뜻하게 될 이 직위가 당시에는 말 그대로 행정총괄에 불과했다) 경계해야 할 위협 요소라는 걸 믿지 못했을 수도 있다. 잘못된 판단이었다.

스탈린은 곧 정치적 역량을 발휘했다. 레닌의 유언장을 감추면서 다양한 추모 사업을 벌였고(페트로그라드는 고인을 기려 레닌그라드로 개칭되었다) 경쟁자들을 가볍게 제압했다. 교육을 잘 받은 범세계주의 사상의 경쟁자들과 달리 스탈린은 새로 등장한 '내전 세대' 당 관료를 대표했다. 실용적이고 자기 이익을 챙기며 인종주의라 불릴 수 있을 정도의 민족주의를 내세우는 부류였다. 1920년대 말이 되자 러시아는 스탈린의 천하였다. 그는 어떤 대가를 치러서라도 근본적으로 러시아를 바꿔놓을 사람이었다.

공포정치

러시아의 오랜 고민은 결국 국가 권력을 유지하면서 어떻게 근대화를 이룰 것인가 하는 문제였다. 외국인 조선 기술자를 고용했던 표트르 대제, 서구 철학자들과 교류했던 예카테리나 대제, 발트 지역 귀족들에 의지했던 니콜라이 1세 등이 보여주듯 대개는 위로부터의 변화를 시도했다. 가장 근본적인 체계를 구조부터 개혁하고자 했던 알렉산드르 2세의 농노해방이나 스톨리핀의 '강자에 걸기' 정책은 곧 엘리트 계층의 완고한 저항에 부딪혔다. 그렇지만 스탈린이 물려받은 나라는 새로운 엘리트들이 아직 파릇파릇했고 전화와 철도, 철조망과 기관총 등이 등장해 독재자에게 새로운 기회를 열어주는 곳이었다. 또한 스탈린 자신은 선대 통치자 누구도 갖지 못한 냉정함으로 무장한 채 큰 꿈을 꿀 수 있는 인물이었다.

1928년, 그는 신생 국가를 신속하게 근대화시키기 위한 '일국사회주의' 정책을 시작했다. 스탈린은 산업화를 이루고 그 과정에서 자신의 통치를 공고화하는 것이 목표였다. 어디서 재원을 마련할 것인가(공장을 짓고 서구 기술을 도입하는 등의 활동에 돈이 필요했다), 그리고 순순히 따르지 않는 국민들을 어떻게 이끌 것인가 하는 두 질문에 대한 그의 해답은 명쾌했다. 공포정치였다. 지방에서는 토지가 국유화되고 농민들이 국가에 고용되는 식의 전체주의가 시행되었다. 저항하는 농민은 무자비하게 진압당했다. 반발하던 우크라이나는 1932-1933년, 러시아가 의도적으로 야기한 기근으로 300만 명 이상이 사망하고 1931년까지 농민 최소 백만 명이 강제 수용소 굴라크Gulag에, 1,200만 명은 시베리아에 강제 추방되는 일을 겪은 끝에 무릎을 꿇었다.

전체주의는 농경에 규모의 경제와 신기술을 도입하기 위함이었지만 농촌지역에 전례 없이 강력한 국가 통치를 가능케 하는 효과가 무엇보다 컸다. "굶주리더라도 내다 팔자"는 말은 차르 시절의 비슈네그라드스키 장관이 한 것이었으나 그 말을 진정으로 실천한 사람은 스탈린이었다. 그는 국내의 인적 희생을 아랑곳 않은 채 곡식을 서방에 내다팔아 돈과 기술을 확보했다. 이런 식으로 서툴고 거친 산업화가 이루어졌다. 공포정치는 노동 현장에 동기를 부여하는 역할도 했다. 실질임금이 급락했지만 '체제 파괴범'으로 몰릴지 모른다는 두려움, 그리고 '계획 초과 달성자'에게 약속된 보너스로 인해 노동자들은 열심히 일했다. 1939년 즈음 160만 명을 수용하던 굴라크 노동 수용소들도 중요한 역할을 했다. 정치범 유폐장소로 출발한 수용소는 운하 공사로부터 벌목에 이르기까지 노예노동의 공급처가 되었다.

스탈린은 공포정치의 대상을 공산당 자체로 돌렸다. 스파이, 파괴분자 등 갖은 죄목을 붙여 경쟁자들을 공개 재판했고 자신에게 도전할 수 있는 위험한 이들을 철저하게 몰아냈다. 가혹한 고문, 대규모 체포, 총살형 등이 절정에 달한 1937년, 공산당 엘리트는 와해되었다. 1934년 선거에서 당선된 공산당 위원들의 4분의 3은 1939년까지 살아남지 못했다. 군 고위 사령관들도 이를 피하지 못했다. 1937년 단 한 해 동안 전체 장군들의 90퍼센트, 그리고 붉은 군대 원수 다섯 명 중 세 명이 축출되었다. 예술, 문화, 교육, 이데올로기는 국가와 스탈린에 대한 찬미로 돌아섰다. 마야코프스키는 1930년 자살로 생을 마감했고 말레비치는 같은 해, 비밀경찰에 끌려갔다. 볼셰비즘이 추진했던 급진적 사회 실험은 철회되었고 안정된 대가족과 가정을 지키는 여성이 강조되었다("세상을 만들어갈 전사가, 더 많은 국민이 필요하다"는 구호가 드높았다).

스탈린은 어떻게 이런 일들을 해냈을까? 권력이라는 것을 본능적으로 이해했고, 정치 경찰의 강력한 통제를 유지하며 이를 국가의 핵심 요소로 만든 덕분이었다. 그의 야심과 이를 뒷받침한 공포정치는 대부분 사람들의 이해 범위를 벗어난 것이었고 이를 이해한 때는 이미 너무 늦어버린 후였다. 스탈린은 가혹한 처단을 통해 나름의 사회적 이동성을 만들었다. 게임의 규칙을 파악한 사람은 아주 신속히 아주 높이 올라갈 수 있었다. 나머지 대다수는 간첩과 파괴분자를 잡아내려는 스탈린의 편집증적 사냥에 시달

리며 히스테리 상태에 빠졌다. 스탈린은 또한 거대한 선전 기구를
유지했다. 차르는 늘 민중의 편이고 이기적인 신하들이 문제라는
'선한 차르' 신화와 문화적 뿌리가 똑같은 그런 선전 방식이었다.
스탈린은 "동지들, 삶이 나아지고 있습니다. 삶이 더 밝아질 것입
니다"라고 말했고, 국민들은 필사적으로 이를 믿고 싶어 했다. 하
지만 코앞에 닥쳐온 것은 빛나는 사회주의 미래가 아닌, 2차 세계
대전이라는 대재앙이었다.

대조국전쟁

1931년 스탈린은 "우리는 앞선 나라들에 비해 50-100년 뒤졌다.
십년 안에 거리를 좁히지 못하면 그들이 우리를 짓밟을 것이다"
라고 말했다. 그로부터 십년이 흐른 후 소련은 그의 말대로 생존
을 위해 싸워야 했다.

　　양차 세계대전 사이의 기간 동안 소련은 외톨이 국가였다.
유럽에서 파시즘이 부상하자 스탈린은 이에 대항하는 것에서 영
국 및 프랑스와 공동의 이해관계를 찾을 수 있겠다는 기대를 했
다. 이어 기회주의적으로 히틀러 독일과 협상을 이뤄 1939년의
폴란드 분할을 이끌어냈다. 그렇다고 해서 나치와의 전쟁을 피할
수 있으리라 생각했던 것은 아니다. 히틀러가 소련을 새로운 아리

아 식민지 후보로 바라보고 있다는 점, 슬라브 노예들을 부려 곡물을 재배하고 필요한 자원을 확보할 이른바 '생활권Lebensraum'으로 여긴다는 점은 스탈린도 잘 알고 있었다. 다만 대비할 시간을 충분히 확보할 수 있도록 가능한 한 전쟁을 미루고 싶어 했다.

1941년 6월, 히틀러가 바르바로사Barbarossa 작전을 개시하여 소련을 침공하자 스탈린은 충격에 빠졌다. 소련 측 간첩, 외교관, 장군들은 모두 한 목소리로 침공을 예측했으나 스탈린은 자신이 히틀러의 속셈을 간파했다고, 전쟁은 다음 해에나 일어날 것이라고 믿었기 때문이다. 붉은 군대는 전혀 준비되지 않았고 7월 중순, 독일군은 모스크바 코앞까지 진격했다. 소련 공군이 궤멸되었고 방부 처리된 레닌 시신은 비밀리에 2,500킬로미터 동쪽의 튜멘Tyumen으로 옮겨졌다. 스탈린은 일종의 신경쇠약 증세에 빠진 듯했고, 개전 첫 두 주 동안은 모스크바로부터의 지시가 거의 없다시피 했다.

하지만 이후 정신을 차린 스탈린은 생존에 모든 노력을 쏟아 부었다. 이후 4년 동안 경이로운 수준의 전 국가적 노력이 발휘되었다. 적의 침공 속도가 서서히 느려지더니 멈추었고, 마침내 공수 방향이 거꾸로 바뀌면서 붉은 군대가 베를린을 함락시키고 중부 유럽에 대한 통제권도 확보했다. 스탈린의 서투르고 야만적인 산업화는 전시에 빛을 발했고 멀리 후방으로 재배치된 공장들

짧고 굵게 읽는 러시아 역사

에선 총과 비행기, 탱크를 부지런히 대량생산했다. 실용적인 스탈린은 반역자로 낙인찍어 굴라크로 보냈던 장군들을 다시 복귀시켰고 폐쇄되었던 교회들도 다시 문을 열게 해 종교의 힘까지 빌렸다. 소련인들은 다시 한 번 어머니 나라를 지켜내겠다는 투철한 의지를 내보였다.(물론 그 뒤에는 냉혹한 국가 체제에 대한 두려움이 자리잡고 있었다고 솔직히 인정해야겠지만 말이다.) 레닌그라드 봉쇄에서 나온 사망자만 해도 전체 전쟁 기간 동안 영국과 미국이 낸 사상자 총수보다 더 많았다.

지금도 러시아가 2차 세계대전을 '대조국 전쟁Great Patriotic War'이라고 부르는 것은 놀랍지 않다. 그 의미를 평가절하하기란 불가능하다. 2천만 명 이상이 사망했고 모든 사람이 고통을 겪었다. 하지만 종전이 임박했을 때 외톨이 국가이던 러시아는 강대국이 되어 있었고, 1945년의 얄타 회담에서 스탈린은 영국의 윈스턴 처칠 수상, 미국의 프랭클린 루즈벨트 대통령과 나란히 앉아 전후 세계의 모습을 결정했다. 라트비아, 리투아니아, 에스토니아가 곧바로 소련에 흡수됐으며 동독, 폴란드, 체코슬로바키아, 헝가리, 불가리아, 루마니아는 위성국가가 되었다. 처절한 대가를 감수했던 스탈린의 산업화는 보상받은 듯했고 공산당은 전쟁의 경험을 바탕으로 충분히 정통성을 확보한 듯했다.

스탈린은 1953년 사망할 때까지 통치하며 국가 재건을 주도했으며 동유럽 각국에 꼭두각시 정권을 세워 철권통치했다. 하지만 1945년의 승리 이후 스탈린주의의 한계는 점점 더 분명히 드러났다. 경제 모델은 전후 시대의 신기술과 들어맞지 않아 점점 더 삐걱거렸고 굴라크 수용소는 내부 봉기가 잦아지면서 가치를 상실해갔다. 야심찬 엘리트층은 불만을 토로하며 나름의 요구를 내세웠다. 이들을 제거하기 위한 새로운 조치가 실행되려는 시점, 스탈린에게 뇌경색이 찾아왔다. 제 때 치료를 받았다면 살아났겠지만 극도의 피해망상으로 경호 인력조차 제대로 접근하지 못하게 한 탓에 너무 늦게 발견되고 말았다. 운명의 아이러니였다.

오랜 이별의 시간

스탈린의 후계자들은 모두 나름의 방식으로 현대화라는 기존의 도전을 이어나갔다. 1950년대와 60년대에는 소련이 무서운 기세로 성장하는 듯 보였고, 스탈린 뒤를 이은 니키타 흐루시초프Nikita Khrushchev는 "서구, 당신들을 묻어버리겠다"고 말하기도 했다. 심각한 위협이라기보다는 소련이 새 주역임을 강조한 발언이었지만 서구의 많은 이들이 정말로 미래가 소련의 것이 되지 않을까 두려워했다. 돌이켜보면 당시 소련은 상상력과 의지의 실패 상황이었는데 말이다.

짧고 굵게 읽는 러시아 역사

흐루시초프는 스탈린주의 최악의 조치를 철회하고 굴라크 수용자들을 석방시킨 인물로 알려져 있다. 1956년의 '비밀 연설'에서는 스탈린의 '부정적 성격특성'을 깎아내리는 말도 했다. 부분적으로 이는 사실이었으나 과거 흐루시초프가 스탈린의 오른팔이었던 점을 감안하면 이는 그 자신과 당 모두가 공포정치의 책임을 회피하기 위한 시도로 보인다.(1964년 흐루시초프가 축출당한 시점에도 방부 처리된 스탈린의 사체는 여전히 레닌 묘에 모셔져 있었다.) 흐루시초프는 1956년, 헝가리의 반反 소련 봉기를 가혹하게 진압하는데 전혀 주저함이 없었다. 공산당 엘리트는 점차 흐루시초프를 위험인물로 보기 시작했다. 벼랑 끝 외교술로 1962년 쿠바 미사일 위기 당시 핵전쟁 직전 상황이 빚어지기도 했고, 경제 정책 실패로 광범위한 식량 부족난이 유발되었던 것이다.

　　스탈린 체제의 산물이었던 흐루시초프는 권력이 당 엘리트, 다시 말해 새로운 질서 속의 대귀족들에게 넘어갔음을 깨닫지 못한 채 전제군주처럼 통치하고자 했다. 1964년의 무혈 정치 쿠데타로 흐루시초프가 물러난 후 후임자 레오니드 브레즈네프Leonid Brezhnev는 새로운 정치 현실에 적응했다. 그는 '보스'가 아닌, 소련 주식회사 이사회 의장에 가까웠다. 주요 이해관계 집단 사이에 합의를 끌어내고 더 효율적이고 기술적인 관리체제를 도입하는 것이 그의 역할이었다. 그가 서기장으로 재직했던 오랜 기간

(1964-1982)의 전반부는 매우 성공적으로 보였다. 모두가 원하는 것을 얻었던 것이다. 당 엘리트는 안정성, 그리고 부패와 횡령 기회를 통한 풍요를 확보했다. 평범한 소련 국민들은 생활 수준이 높아졌다. 정치적 안정이 이어지면서 통제가 완화되고 새로운 소비재가 늘어났다. 1964-1975년 동안 평균 임금은 70퍼센트 가까이 올랐다. 서구와의 대립도 완화되어 데탕트와 공존의 새 시대가 열렸다.

여기까지는 좋았다. 하지만 브레즈네프 통치의 힘은 떨어질 수밖에 없었다. 이 모든 발전이 모두에게 원하는 바를 사줄 수 있는 풍족한 자금에 기반하고 있었기 때문이다. 1970년대 중반이 되자 루블화 과잉 공급 아래 감춰져 있던 문제들이 드러나기 시작했다. 새로운 농경지 개발 같은 거대한 경제 정책이 성과를 내는 데 실패했다. 컴퓨팅 기술에 기반한 세계적 산업 혁명이 새로 시작되었지만 소련은 뒤처졌다. 부패와 암시장이 공공경제의 동력을 갉아먹고 있었다. 서구와의 값비싼 군비경쟁도 시작되었다. 서서히 켜지는 위기 경고등 앞에서 신속하고 단호한 행동이 필요했지만 이는 늙고 조심스러운 브레즈네프에게 가능하지 않았다. 그런 성격도 못 되는데다가 정치적 권위도, 아이디어도 없었다. 브레즈네프는 그저 살아 있을 뿐이었다. 해가 갈수록 능력과 건강이 나빠지고 노쇠해가는 그의 모습은 소련이라는 국가 자체의 모습을 그대로 보여주었다.

　브레즈네프가 사망한 1982년 즈음에는 더 이상 위기를 무시할 수 없게 되었다. 소비에트 연방은 아프가니스탄의 끔찍한 분쟁에 발목이 잡혔다. 청년들이 아연 관 속의 시신으로 돌아오는 와중에도 공식 매체는 전쟁 따위가 없다고 주장했다. 폴란드는 민족주의 저항운동으로 시끄러웠고, 다른 위성국가들에서도 분위기가 심상치 않았다. 경제는 침체에 빠져 배급되는 식료품 비중이 점점 늘어났다. 국민들은 저항보다 냉소와 좌절을 드러냈다. "위에서 임금을 지급하는 척하니 우리는 일하는 척을 하세"라는 유행어가 돌았다. 스탈린의 급진적 산업화, 그리고 이후의 기술관료 통치가 이루어지면서 농업국 러시아는 도시와 철도, 엔지니어와 의사, 독자와 저자로 구성된 소비에트 국가로 변모한 상태였다. 1917년에 17퍼센트에 불과했던 도시 거주 인구가 1989년에는 67퍼센트나 됐고 30퍼센트였던 문자해독률은 100퍼센트에 근접했다. 하지만 신문은 거짓말투성이었고, 지도자들은 입으로만 평등을 외칠 뿐이었다. 상상조차 어려운 특권적 삶을 누리며 국민들은 고작 빵 한 덩어리를 사기 위해 긴 줄을 서야 하는 상황에서 그런 진보가 대체 무슨 소용이란 말인가?

　새로운 서기장은 금욕적이고 신랄한 유리 안드로포프Yuri Andropov였다. 정치경찰 KGB 우두머리 출신으로 당시 횡행하던 부정부패나 출세지상주의에서 벗어나 있는 드문 인물이었다. 변화의 의지가 확고했지만 불운하게도 임기 3개월 만에 신장 질환이 찾아왔다. 그 후 겨우 1년을 버틴 안드로포프의 가장 큰 공헌은 상대적으로 젊고 또한 상대적으로 개혁적인 당 관리 미하일 고르바초프Mikhail Gorbachev를 고속 승진시킨 것이었다. 1984년, 안드로포프가 사망했을 때 아직 서기장 급이 되지 못했던 고르바초프는 가장 고령의 인물인 콘스탄틴 체르넨코Konstantin Chernenko를 추대하는 수완을 발휘했다. 병이 깊고 살날이 길어 보이지 않던 체르넨코는 예상대로 1985년에 사망했고 고르바초프를 다음 서기장으로 만들어 주었다. 고르바초프의 목표는 소비에트 연방, 즉 소련을 지키려는 것이었다. 그런데 소련은 그에 의해 종말을 맞았다.

개혁과 종말

고르바초프는 개혁을 통해 조국을 살려낼 수 있다고 진심으로 믿은 최후의 인물 중 하나였다. 붕괴 직전의 경제, 부패한 당 관료들, 자포자기 상태의 노동자들, 대외적 지위 추락, 케케묵은 구닥다리가 되어버린 마르크스 레닌 이데올로기 등 문제가 산적한 조국이 개혁으로 되살아날 수 있다고 말이다. 동원할 수 있는 자원이 거의 없고 당 정치국Politburo 내에서 근소한 차이로 다수파인

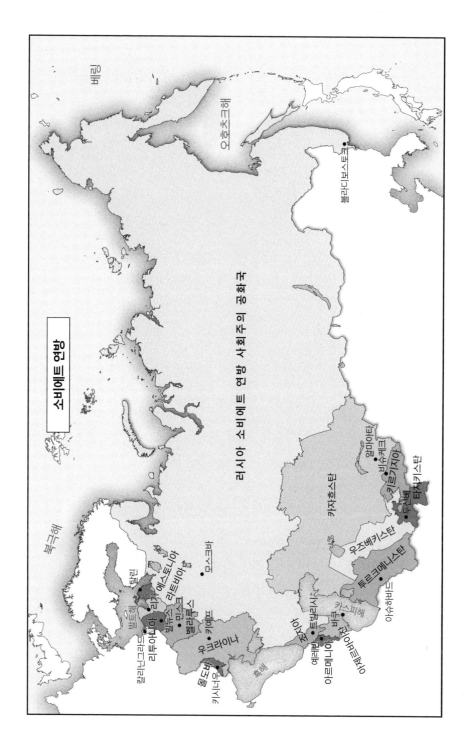

입장이었음에도 그러했다. 그런 확신은 보기 드문 순진함의 상징이었다. 그러나 연이은 정책 실패를 거치면서 그가 성장하고 발전했다는 점은 보기 드문 성숙함의 상징이라 할 수 있다.

처음에 고르바초프는 문제의 핵심이 노멘클라투라nomenklatura, 즉 당 내의 썩어버린 특권계층이라고 생각했다. 그리고 비효율과 노동 비숙련 타파의 필요성을 주장했다. 하지만 그보다는 구조 자체가 원인이라는 점이 드러났고 1986년, 그는 더 근본적 수준에서의 페레스트로이카perestroika, 즉 개혁 필요성을 제기했다. 이는 경제 현대화인 동시에 정치 쇄신이었다. 후자의 핵심인 글라스노스트glasnost는 흔히 개방이라 번역되지만 그보다는 '솔직히 드러내 말한다'는 뜻에 더 가까운 개념이다. 그는 소련이 안은 문제를 솔직하고 현실적으로 평가해달라고 독려했다. 이는 수십 년 동안 달콤한 선전선동에만 익숙해진 국민들에게 문제 인식이 얼마나 중요한지 전달하려는 시도이기도 했다. 1986년 우크라이나의 핵발전소 원자로 노심이 용융된 체르노빌 사태가 일어났을 때는 고르바초프조차도 잠시 옛 소련 본능으로 회귀해 문제를 감추려는 시도를 했다. 이를 계기로 그는 위에서부터 뿐 아니라 아래로부터도 변화가 일어나야 한다는 점을 깨달았다.

하지만 고르바초프는 점점 더 큰 저항에 부딪히며 통치력을 잃어갔다. 당 지도부는 그의 개혁 시도에 분노했다. 소수 민족들

짧고 굵게 읽는 러시아 역사

은 새로운 자유를 발판으로 더 큰 자유를 얻어내려 했다. 나름의 동력을 지니게 된 글라스노스트는 노멘클라투라의 부패부터 스탈린의 범죄에 이르기까지 공산당의 추악한 실상을 드러내기 시작했다. 하지만 고르바초프는 물러서는 대신 한층 과격하게 대응했고, 1989년에는 선출직 대통령을 수반으로 하는 새로운 국가의 헌법적 토대를 만들어냈다. 공산당 서기장인 그가 굳이 대통령까지 되어야 하는 이유가 대체 무엇이었을까? 개혁의 길에 가장 큰 장애물이 당이라는 점을 깨달았기에 변화를 밀어붙일 독립적 권력이 필요했던 것이다.

하지만 소용이 없었다. 강경파가 더욱 기세를 올렸고 경제는 계속해서 침체됐다. 그가 이룬 민주화를 기회로 새로운 정치세력들이 부상했다. 우크라이나와 발트 3국의 민족주의자들이 독립 운동을 펼쳤고, 아르메니아와 아제르바이잔은 오랜 영토 분쟁을 다시 시작했다. 가장 위험한 것은 고르바초프 자신이 발탁했다가 내친 당 지도자 보리스 옐친Boris Yeltsin이 부상하면서 소비에트 연방의 러시아 대통령으로 당선된 상황이었다. 1990-1991년의 겨울은 탄광노동자들의 대규모 시위가 벌어지는 힘겨운 시기였다. 강경파와 연합해 질서를 회복하려는 생각까지 할 정도로 흔들렸던 고르바초프는 포기를 거부하고 한층 급진적 방향을 택했다. 소련 각 공화국에서 선출된 대통령들과 협상해 새로운 연방을 만들고자 한 것이다. 러시아 중심의 연방에서 진정한 연합체로 완전히 새로 태어나려는 시도였다.

강경파로서는 도저히 용납할 수 없는 일이었다. 결국 1991년 8월, 고르바초프는 크림의 자택에 구금당했고 '국가비상사태위원회' 체제가 선포되었다. 고분고분하게 길들여진 소비에트 민중이 군말 없이 순종하리라 기대했지만 오산이었다. 모스크바와 전국 곳곳에서 사람들이 거리로 쏟아져 나와 항의시위를 벌였다. 국가비상사태위원회가 예전의 러시아 쿠데타 세력들처럼 가차 없이 대처했다면 권력을 지켜낼 수 있었을지도 모른다. 하지만 그 운명적인 순간, 위원회는 무력을 동원할 의지가, 혹은 능력이 없었다. 기세등등해진 시위대 수백 명은 수천 명으로 불어났고 위원회가 굳이 체포할 필요조차 느끼지 않았던 옐친이 승리자로 부상했다.

불과 사흘 만에 쿠데타가 실패하고 고르바초프가 모스크바로 돌아왔지만 권력의 중심은 이미 넘어간 후였다. 이전에 옐친은 새로운 연방 조약안에 마지못해 동의했던 상황이었다. 강경파의 반대를 의식했던 것이다. 하지만 강경파의 권력 탈취 시도가 실패하면서 이제 옐친은 고르바초프에 대해 못마땅한 심경을 마음껏 드러냈다. 그는 공산당을 불법화했고 연방 조약 서명을 거부했다. 발트 3국은 독립을 선언했고 우크라이나도 독립을 요구했다. 현실을 인식한 고르바초프는 소비에트 연방 대통령의 마지막 직무로서 1991년 12월 31일 자정을 기점으로 연방 해체를 선언했다.

소비에트 이상의 끝

구체제는 1차 세계대전으로 무너졌다. 하지만 발전의 동력을 모두 소진한 상태였으므로 미처 깨닫지 못했을 뿐 이미 무너진 상태였다고도 할 수 있다. 레닌 지도 하에 1917년 권력을 잡은 혁명 세력은 냉정함과 이상주의로 무장했지만 미래를 위한 현실적 청사진이 없었다. 1918-1922년의 힘겨운 내전을 거친 결과, 국가는 차지했지만 영혼은 잃어버리고 말았다. 이상주의는 기회주의에 자리를 내주었고 덕분에 스탈린이 부상하게 되었다. 스탈린의 '일국 사회주의'는 개인의 권력욕뿐 아니라 소련의 취약성에 대한 날카로운 인식까지도 반영한 것이었다. 그는 사회주의 건설이라는 새로운 국가 신화를 작동시키면서 산업화를 거칠게 밀어붙였다. 대조국전쟁의 승리는 오래 이어져온 러시아 메시아주의의 절정이었다. 러시아에는 무언가 고유하고 특별한 것이 있다는, 위대한 운명을 타고 났다는 믿음 말이다. 1812년, 그리고 19세기 중반 혁명의 시기 동안 (변방의 사촌이 아닌) 유럽의 수호자를 자처했던 러시아가 드디어 존재를 증명했던 것이다. 유럽의 구원자가 이후 대륙의 절반을 차지한 채 남은 절반을 위협하게 되었다는 점, 그리고 철의 장막으로 러시아가 유럽에서 차단되었고 이전 그 어느 때보다도 먼 '타자'가 되었다는 점은 아이러니가 아닐 수 없다.

소련 말기, 역사가 공산당의 편이라는 주장은 점점 더 믿기 어렵게 되었다. 부정부패가 나라를 안으로부터 갉아먹었고, 경제는 서서히 침몰해갔다. 크렘린은 선전선동과 거짓말에 점점 더 많이 의존할 수밖에 없었다. 하지만 당도, 대중도 넘쳐나는 붉은 구호를 진심으로 받아들이지 않았다. 대신 모두들 나름대로 유럽의 한 조각을 향유하려 했다. 어두운 방에 숨어 BBC 방송을 듣거나 암시장에서 비틀스 테이프를 맞교환하는 일반시민으로부터 당원 전용 상점에서 스코치 위스키와 수입 청바지를 사들이는 엘리트에 이르기까지 말이다. 소비에트라는 아이디어는 차르 체제가 그랬듯 극적으로 종말을 맞았지만 소비에트 인민들은 저마다 서로 다른 꿈을 꾸었다. 소련이 끝나면서 마침내 그 꿈이 실현 가능해졌을까?

더 읽어볼 자료

소비에트 시대 역사를 전반적으로 다룬 훌륭한 책이 로버트 서비스Robert Service의 《The Penguin History of Modern Russia: From Tsarism to the Twenty-first Century》(펭귄, 2015)이다. 주요 지도자들의 전기로는 서비스의 《Lenin》(맥밀런, 2000), 사이먼 세백 몬테

피오리Simon Sebag Montefiore의 《Stalin: The Court of the Red Tsar》(크놉프, 2004), 윌리엄 터븐William Taubman의 《Gorbachev: His Life and Times》(사이먼앤슈스터, 2017)가 좋다. 알렉산더 솔체니친의 《이반 데니소비치의 하루》(펭귄, 2000)는 굴라크 수용소에서의 삶을 가장 날카롭고 정확하게 소개한 작품으로 여전히 인정받는다.

8

무릎 꿇고 있던 러시아가
다시 일어섰다

푸틴

× × ×

〈러시아 땅의 수호자들〉기념비, 모스크바, 1995년(©마크 갈리오티)

모스크바 서쪽 근교의 승리 공원Victory Park은 오늘날의 러시
아가 기억하고 보존하고 싶은 역사의 조각을 어떻게 이어
붙여 정체성을 만드는지 극명하게 보여준다. 예를 들어 위의 기념
비는 쿨리코보에서 몽고 타타르에 대항해 싸운 드미트리 돈스코
이 휘하의 중세 전사, 1812년 나폴레옹 대육군에 맞서 싸운 보병,
그리고 대조국전쟁의 소비에트 병사를 한자리에 모아 두었다. 국
가적 영광의 세 순간이 합쳐진 것이다. 하긴 안 될 것 없다. 어느
나라든 고난보다는 승리를 부각하고 싶지 않겠는가? 조국의 용감

한 수호자들 모습 앞에서 잠깐 생각해볼만한 것은 이것이 드러내는 이데올로기이다. 소비에트 이후 시기의 러시아를 정의하게 된 이데올로기는 발끈하는 방어적 태도와 고유한 역사적 사명이라는 민족 신화의 결합이었다.

소비에트 러시아는 당 규율의 핵심으로 자리한 이데올로기 신화를 포기하지 않고는 서구를 능가하겠다는 목표를 결코 이룰 수 없었다. 이 때문에 걸핏하면 발전의 길에서 발목을 잡혔다. 유전학의 귀중한 연구 성과가 이데올로기를 내세운 트로핌 리센코 Trofim Lysenko(후천적 유전설을 주장한 스탈린주의 생물학자 – 옮긴이)에 의해 '부르주아 유사과학'으로 낙인찍혀 폐기된 것, 정보의 자유로운 흐름에 대해 피해망상을 지닌 KGB 때문에 몇 년 동안이나 복사기가 안보 위협 요소로 여겨진 것, 중앙 계획 체제에 대한 교조적 집착으로 인해 창의적 발상과 개혁이 가로막힌 것 등이 그 예이다. 고르바초프가 기존의 방식에 의문을 제기하기 시작하자 모든 체제가 한꺼번에 무너졌다. 그 과정에서 세심하게 짜놓았던 (많은 경우 근본적으로 왜곡되어 있던) 근래 및 먼 과거의 역사가 갑자기 의문의 대상으로 떠올랐다. 스탈린 공포정치의 끔찍한 실상이 드러나며 소비에트 산업화의 영웅담이 빛을 잃었다. 미숙한 작전 지휘나 병사들의 희생에 대한 철저한 무관심이 언급되면서 2차 세계대전의 승리조차 재평가되었다. 어떤 역사적 사건이든 의혹이 끝없이 불거졌고 되찾은 진실, 토론거리가 된 의견, 직접적인 음모이론의 물결 속에서 확실한 것은 하나도 남지 않았다. 레닌은 정말로 독일 스파이였을까? 스탈린은 소아성애자였을까? 1986년 러시아 극동 지역에서 실제 UFO가 추락했을까? 고르바초프가 소련을 해체시킨 것이 과연 프리메이슨의 음모일까?

1990년대, 새로운 진리를 찾고 있던 러시아에 서구 시장과 문화가 쏟아져 들어왔다. 러시아가 마침내 유럽의 일부가 되었다고들 생각했다. 하지만 머지 않아 의문이 생겨났다. 열광적으로 서구의 생활방식을 받아들인 러시아인들이 서서히 깨닫게 된 것이다. 발트 3국이나 불가리아, 슬로바키아나 슬로베니아 사람들을 따뜻하게 환영하는 유럽이 러시아인들에 대해서는 그렇지 않다는 점, 밀어내고 거리를 유지한다는 점을 말이다. 여기서부터 불기 시작한 포스트 제국주의 역풍은 결국 블라디미르 푸틴을 대통령에 앉혔고 소속 표시 없는 녹색 군복 부대가 크림과 우크라이나로 파병되기에 이르렀다. 국가 정체성을 구축해 피비린내 나는 과거에 의미를 부여하고 미래의 갈 길을 찾아보려는 노력이 다시금 시도되었다.

짧고 굵게 읽는 러시아 역사

고난의 90년대

1991년 12월 31일 자정, 소련이 사라지고 새로운 15개 국가가 등장했다. 그 중 가장 크고 인구도 가장 많은 나라가 러시아 연방이었다. 다른 국가들은 과거와 달라졌다는 점, 즉 더 이상 소련 국민이 아니라는 점으로 스스로를 규정할 수 있었다. 하지만 새로운 러시아는 과연 무엇이었을까? 러시아 연방은 11개 시간대에 걸친 영토에 1억 4천 9백만 인구를 지니고 있었다. 80%는 러시아 민족이었고 아르메니아, 우크라이나, 타타르, 카렐리아 핀 등 소수 민족들이 포함되었다. 이러한 러시아 연방은 소련의 후계자일까? 아니면 차르 제국의 후계자일까?

그것은 과거의 기록이 반쯤 지워진 채 빽빽이 다시 쓰인 양피지였을까, 아니면 완전히 깨끗한 새 종이였을까? 혜안과 열정을 지닌 지도자, 새로운 러시아를 창조하고 러시아인들을 그 꿈 아래 결속시킬 결단력과 에너지를 지닌 인물이 필요한 시점이었다. 그때의 지도자는 보리스 옐친이었다.

옐친을 깎아내리기는 쉽다. 90년대를 지나면서 술, 진통제, 건강문제, 방종행위를 점점 더 많이 보였고 급격한 자유시장 전환 정책으로 국가 독점을 민간 독점으로 바꿔치기하는 데 불과한 결과를 낳았으니 말이다. 선택된 사기꾼 몇몇의 주머니 속으로 산업 전체가 헐값에 넘어가버리는 그 상황은 약탈이나 다름없었다.

1992년 구소련.국가 키르기스스탄의 대통령 머리에 대고 숟가락을 두드리며 장난을 친 사람, 1994년의 더블린 국빈방문 때는 취해서 자느라 비행기에서 못 내린 사람, 1995년에는 속옷 바람으로 워싱턴 대로를 돌아다니며 피자집을 찾는 모습이 미 정보당국에 포착된 사람이 옐친이다. 하지만 이와 동시에 1991년 강경파 쿠데타에서 저항의 상징이 된 사람, 소련을 다시 만들려는 고르바초프의 시도를 무산시킨 사람, 소비에트 성향의 의회가 말을 듣지 않자 1993년 탱크 발포를 강행한 사람도 역시 옐친이다. 마지막 사건은 헌법에 반하는 것이었지만 그는 나중에 헌법을 개정해 이를 합법적으로 만들었다. 이어 1996년, 되살아난 공산당이 대통령 선거에 승리할 조짐이 보이자 자신의 무한경쟁 경제 정책으로 이익을 본 신흥 거부 올리가르히oligarch들에게 도움을 청해 판세를 뒤집은 사람도 옐친이다.

대부분 러시아인들에게 90년대는 절망과 불확실, 고난의 시기였다. 어마어마한 부를 거머쥔 몇 명을 제외한 대부분은 1930년대 미국 대공황보다도 더한 경제 위기를 헤쳐가야 했다. 인구의 절반 이상이 빈곤선 아래 놓였다. 의료 체계가 파산지경에 이르면서 사망률이 치솟고 조직범죄가 활개를 쳤다. 지하철 역 바깥에 연금 생활자들이 길게 늘어서 옛날 메달, 짝 잃은 구두, 반쯤 쓴 치약 등 뭐든 들고 나와 푼돈에 팔고 있던 충격적인 모습이 내

짧고 굵게 읽는 러시아 역사

기억에 생생하다.

엘친에게 정적이 있었을 때 그는 힘을 모으고 활력을 내보일 수 있었다. 하지만 국가 파괴자에서 국가 건설자로 역할이 바뀌어야 할 상황이 오자 현실적 계획이 전혀 없다는 점이 분명해졌다. 이런 무질서 상태가 계속될 수는 없다는 공감대가 커졌다. 국제사회에서 러시아는 무시당하고 있었다. 그처럼 허약한 상태이니 당연한 일이었다. 체첸 남부 지역에서 일어난 봉기도 진압하지 못하고 질질 끌려가는 상황이었다. 90년대 말이 되자 크렘린 안과 주변부의 사람들이 엘친의 후임자를 찾기 시작했다. 충성스럽고 효율적인(건강하고 성실하다면 더 좋았다) 누군가, 국가의 힘을 회복시키겠다는 의지를 지니고 러시아에 비전을 만들어낼 수 있는 사람이 필요했다. 그리고 그런 사람을 찾아냈다.

새로운 차르의 등장

상대적으로 덜 알려진 블라디미르 푸틴Vladimir Putin이라는 인물이 그 사람이었다. 1980년대 KGB에서 일했지만 썩 주목 받지 못했던 그는 90년대에 고향 상트페테르부르크(소련 붕괴와 함께 레닌그라드의 이름이 다시 바뀌었다)로 돌아와 부시장이 되었다. 그리고 일 잘하고 겸손한 심복으로 이름을 알리기 시작했다. 아나톨리 소브

차크 시장이 부패 혐의로 체포되기 직전에 프랑스행 비행기에 올라타게 한 사람도 다름 아닌 푸틴이었다. 1996년, 푸틴은 모스크바로 옮겨가 대통령실 재산관리부 차장으로서 맡은 일을 원활히 해내며 정부의 자금 횡령 소문에 종지부를 찍는 등 다시 한 번 결정적인 역할을 수행했다.

이 때부터 그의 지위는 날개 단 듯 날아올랐다. 옐친의 대통령실 차장과 (KGB 후신인) 연방보안국 국장을 지낸 후 제 1 부총리로 지명되었고 같은 날 총리 대행으로 일을 시작했다. 그해 말 옐친이 사임하면서 푸틴은 대통령 대행이 되었고, 덕분에 현직의 이점을 십분 누리면서 대통령 선거를 치렀다. 하지만 대가는 감수해야 했다. 당선 후 그가 처음으로 서명한 문서는 옐친에게 부정부패 수사로부터 면책권을 보장한다는 약속이었다. 이 특혜는 옐친의 가족 전체에까지 비공식적으로 확장되었다.

대체 푸틴은 누구인가? 1999년 말 러시아 곳곳의 아파트 건물에서 일어난 수수께끼의(정말이지 신기할 정도로 잘 맞아 떨어졌다고들 한다) 폭발 사고, 그리고 체첸에서의 새로운 전쟁 발발 덕분에 푸틴은 안보와 국익의 강력한 수호자로 이미지를 굳혔다. 분명한 정책계획은 없었지만 '법의 독재'라는 그의 약속은 지난 십년 동안의 무법천지에 지칠 대로 지친 이들의 지지를 끌어냈다. 1996년의 옐친이 그랬듯 그 역시 공영 및 민영 언론의 노골적인 지원을 받았고 1차 투표에서 53.4%를 얻어 순조롭게 당선되었다.

푸틴은 표류의 시기가 끝났음을 분명히 했다. 과두 재벌 올리가르히들은 더 이상 정책을 좌지우지하며 부를 늘릴 수 없는 현실을 받아들이든지, 아니면 크렘린과 싸워 패배하든지 양자택일해야 했다. 일부는 러시아를 떠났으나 가장 부유했던 석유 재벌 미하일 호도르코프스키는 반대파 정치인을 지원하고 정부의 부패를 지적하고 나섰다. 2003년, 그는 사기와 탈세 혐의로 체포되어 징역형에 처해졌다. 나머지 재벌들에 대한 효과적인 경고가 아닐 수 없었다. 체첸은 수도 그로즈니가 맹공격을 받아 폐허로 변하고 폭력적인 허수아비 정권이 들어서면서 조용해졌다. 크렘린이 다시 예전의 모습으로 돌아온 것이다.

푸틴은 운이 좋았다. 러시아인들은 1990년대의 고통이 끝나기를 간절히 원했다. 새로운 지도자는 똑똑하고 열정적이었을 뿐 아니라 나라를 다시 세울 자금도 갖고 있었다. 2000년대는 대대적인 경제 회복의 시기였다. 러시아 수출의 4분의 3, 국가 예산의 절반 정도를 차지하는 석유가스의 가격이 내내 높았다. 군대를 정비하는 데 투자할 돈, 심복들의 착복을 눈감아줄 수 있는 돈, 일반인들이 전례 없는 안락과 안전을 누리도록 할 수 있는 돈이 생긴 것이다. 한마디로 푸틴은 새로운 사회계약을 제안한 셈이었다. 정치에 관심을 두지 않고 조용히 지내기만 하면 계속 삶의 질이 높아지도록 해주겠다는 계약이었다. 소련의 몰락과 극적 붕괴, 그리고 '고난의 90년대'를 보낸 대부분이 이를 기꺼이 받아들였다.

이에 따라 푸틴은 국민들의 진심 어린 지지를 끌어내야 할 필요가 없어졌다. 러시아의 취약한 민주주의는 점점 더 정치쇼가 되어 갔다. 가짜 야당과 그 지도자들은 정권을 차지하겠다는 일말의 기대나 희망도 없이 그저 맡은 역할을 연기할 뿐이었다. 소련 시절에 대중 매체와 예술가들은 '인간 영혼의 엔지니어'라 불렸다.(스탈린이 만든 표현이다.) 당 요원들이 장악하며 대중들에게 올바른 이데올로기를 심어주는 도구였던 것이다. 푸틴 시대가 되자 대중매체는 엔지니어 대신, 크렘린의 홍보 담당으로 변모했다. 특히 (거의 전부가 정부 지휘와 통제를 받는) TV는 큰 소리로 화려하게 정권을 응원해댔다. 2004년, 푸틴은 71%의 지지를 받아 손쉽게 재선되었다. 세 번 연임을 금지하는 헌법에 가로막히자 2008년에는 드미트리 메드베데프 총리를 자기 대신으로 앉혔다. 푸틴은 크렘린의 대통령 집무실에서 총리 집무실인 화이트하우스로 옮겨갔지만 권력은 여전히 쥐고 있었다. 메드베데프의 임기가 끝날 즈음 푸틴은 대통령 후보로 지명되었고 2012년, 두 사람은 집무실을 맞바꾸었다.

짧고 굵게 읽는 러시아 역사

전장의 푸틴주의

그 와중에 서방에 대한 푸틴의 태도도 변화했다. 늘 러시아 애국자를 자처한 그는 러시아가 '강대국'이라는 지위를 마땅히 누려야 한다고 믿었다. 그도 처음에는 강대국으로써 서구의 동반자가 되고자 했다. 서구 기업의 러시아 진출을 독려하고 미국이 벌이는 '테러와의 전쟁'을 지원하면 서구도 러시아를 인정하고 존중할 것이라고, 러시아 국내 상황도 눈감아 주리라고 생각했던 것이다. 하지만 그러한 기대에 모두 배신당했다고 느끼게 된 푸틴은 2007년, 독일 뮌헨에서 열린 국제안보정책회의에서 미국의 '일극적unipolar 세계질서'에 신랄한 공격을 퍼부었다.

서구의 무시와 도전을 과하게 의식하면서 푸틴은 점점 더 대결 중심의 민족주의 노선으로 향했다. 부분적으로 이는 자신이 분열된 러시아를 처음으로 구원한 존재이고, 그리하여 "무릎 꿇고 있던 러시아가 다시 일어섰다"라는 선언까지 가능해진 푸틴의 역사적 인식과 맥을 함께한다. 푸틴이 통치하는 동안 러시아는 이웃국가 조지아를 침공하고(2008) 우크라이나의 크림반도를 병합했으며(2014) 우크라이나 남동쪽 돈바스 지역에 내전을 일으켰고(2014-) 시리아 내전에 개입했다(2015-). 에스토니아에 대한 광범위한 사이버공격(2007)으로부터 해외 체류 정적과 망명자들 암살에 이르기까지 공격적인 정보전과 노골적 개입도 불사했다.

하지만 푸틴에게 이는 러시아를 고립시키고 주변화하며 국제적 지위를 무시하는 서구의 시도에 대한 방어적 대응일 뿐이었다. 러시아 내 민주화 및 반부패 운동가 지원, 목소리를 낸 언론인과 정치인의 죽음과 관련된 비판, 아랍의 친 러시아 정권을 반대하는 일련의 봉기, 특히나 2013-2014년 우크라이나의 부패 정권을 무너뜨린 '친유럽 성향' 저항운동은 모두 서구의 전략적 농간을 증명한다고 여겼다. 서구는 가짜뉴스 유포 및 전복 전략을 통해 분열을 획책하고 정치 체제를 무너뜨리는 러시아 특유의 '혼합 전쟁hybrid war'에 대해 점점 우려하기 시작했고, 다른 한편 러시아는 내부에서 바로 그런 위협 요소가 발생할까 걱정했다.

민족주의 노선을 택하면서 푸틴은 러시아의 비전을 만들기 쉬워졌다. 그가 다시 대통령이 된 2012년 이후 가짜 정책에 신물을 내고 해결되지 않는 부패와 경제 정체 때문에 참을성이 바닥난 국민들을 붙잡고자 했던 바로 그 비전이었다. 그는 역사를 탈탈 털어 역사적 정통성과 미래의 방향을 한꺼번에 창조해냈다. 이를 가장 잘 보여주는 것이 '러시아 - 나의 역사' 전시회이다. 모스크바에서 시작해 전국적으로 진행된 이 총천연색 멀티미디어 전시에서는 차르와 소련 지도자들, 12세기 공후들과 21세기 외교관들의 모습을 번갈아 보여줌으로써 공공연하게 특정 관점을 주입한다. 첫 번째로 러시아는 합치면 강해지고 분열되면 먹잇감이라

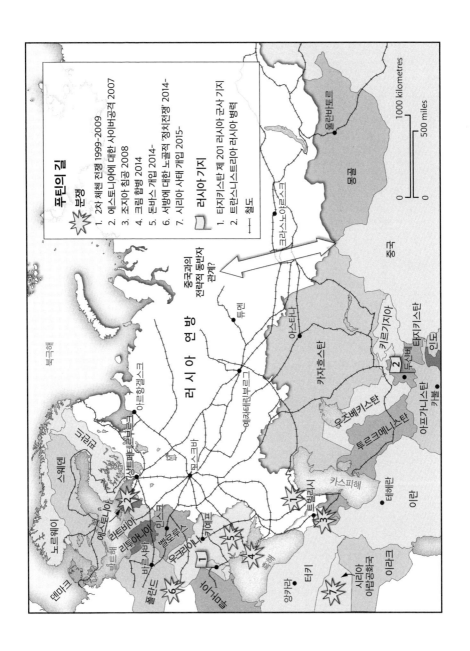

는 관점이다. 강한 국가는 도덕적, 애국적 책무로 만들어진다는, 즉 대귀족이든 소련 지도자든 아니면 올리가르흐든 국가의 권위에 복종해야만 한다는 것이다.

두 번째로는 러시아는 침략자가 아니라 강력한 수호자일 뿐이라는 관점이다. 동쪽으로의 무자비한 영토 확장, 수많은 분쟁(러시아와 국경을 맞댄 나라 중 아직 전쟁 상대가 되지 않은 것은 노르웨이가 유일하다), 19세기 유럽 혁명에 대한 니콜라이 1세의 개입, 1968년 '프라하의 봄' 자유운동 진압 등은 모두 조국과 자연 질서를 지키기 위해 필요했다는 주장이다. 서구와의 충돌은 미국이 주도하는 단극화 헤게모니에 저항해 현 상태를 유지하기 위한 것이라는 입장이다. 심지어는 국영 TV로 내보내는 지독한 선전, 독립 감시기구에 대한 억압, 국제 인권 규범이나 감시 거부 등도 외부 간섭과 '정보 전쟁'에 대응해 조국을 보호하는 수단으로 설명된다.

마지막으로 러시아는 아시아 국가가 아니며 또한 유라시아 혼종 국가도(일부는 그렇다고 주장하지만) 아니라는 관점이다. 러시아는 유럽 국가, 그것도 참된 유럽 국가다. 때로는 킵차크한국 같은 외부의 적으로부터, 때로는 나폴레옹이나 히틀러 같은 내부의 정복자로부터, 더 나아가 혼돈과 일탈로부터 유럽을 수호한 나라가 바로 러시아라는 것이다. 다시 말해 서쪽의 국가들이 진정한 유럽 가치를 잃어버렸을 때마다 그것을 지켜낸 나라가 러시아라

짧고 굵게 읽는 러시아 역사

는 주장이다. 정교 신앙은 그리스도교의 진정한 형태이고 사회적 보수주의 또한 포스트모던 도덕적 주관주의라는 사악한 유행에 대한 단호한 거부로 해석된다.

푸틴과 역사

물론 푸틴과 관련해서 이야기할 것은 훨씬 더 많다. 때로 지나치게 남성성을 드러내는 성향에 대해, 반대 세력을 극단적으로 (더 나아가 치명적으로) 억누르는 동시에 다른 이들에게는 너그럽고 심지어는 조력하기까지 하는 이중성에 대해, 네 번째 대통령 임기가 끝나는 2024년 이후 또 다른 집권 가능성을 모색할지, 은퇴할 것인지 등에 대해 말이다. 러시아의 남다른 역사에 남겨진 큰 흔적으로 볼 때 푸틴은 차르나 서기장보다 더 많은 분량을 할당 받아야 마땅하지 않겠느냐는 의문도 가능하다. 물론 국가를 안정시키고 세계 무대에서의 적대적인 역할, 더 나아가 심통 부리는 역할을 되살렸다는 면에서 그는 충분히 인정받을 만하다. 그러면서도 이반 뇌제나 (그보다 한층 더했던) 스탈린처럼 사람을 많이 죽이지 않았고 표트르 대제처럼 실제 모습보다 과장되지 않았다. 레닌이나 안드로포프처럼 냉정한 지성을 지니지 않았고, 예카테리나 여제나 드미트리 돈스코이처럼 예민한 정치 본능을 갖지도 않았다.

이는 푸틴을 깎아내리려는 것이 아니라 제 자리에 세우려는 것이다. 그가 러시아 역사를 새로 만들고자 한다는 점은 분명하다. 승리를 극대화하고 비극은 최소화하는 공식판 역사를 초중등 교과서와 대학 강좌들은 점점 더 수용하게 될 것이다. 스탈린은 꼭 필요했던 산업화를 이룬 전시의 지도자가 되고 굴라크 이야기는 밀려나게 될 것이다. 푸틴은 이 새로운 공식 역사가 "내부 모순이나 이중 해석의 여지를 없애야" 한다고 요구했다. 진정한 역사란 그처럼 말끔한 모습이어야 한다는 듯이 말이다.

푸틴이 러시아의 이미지와 역사 기록을 통제하려 한 첫 번째 인물은 아니다. 드미트리 돈스코이도 말 잘 듣는 연대기 기록가들을 두었고, 예카테리나 여제는 유럽에 비친 러시아의 모습을 신중하게 관리했으며 알렉산드르 3세 치세 때의 '관제 민족주의' 열풍은 이의를 제기하는 골칫거리 학자들이 입 다물고 따르도록 만드는 조치를 동반했다. 가장 충격적인 사례는 스탈린이 편집해 1938년에 출판한 《모든 연합 공산당(볼셰비키)의 역사: 속성과정 History of the All-Union Communist Party (Bolsheviks): Short Course》이다. 살아있는 사람들이 기억하는 역사를 뒤바꾸려는 시도였기 때문이다. 이후 20년에 걸쳐 67개 언어로 4백만 부 넘게 인쇄 배포된 이 책은 아마 성경 다음으로 가장 널리 읽힌 책일 것이다.

핵심은 그 어떤 시도도 의도했던 것만큼 러시아인들 스스로에 대한 이해를 낳지 못했다는 점이다. 지리적·문화적·민족적 경계가 분명치 않은 다층적 국민으로 구성된 나라이기 때문에 자신들을 통합하고 정의해줄 국가적 신화에 더 매달리는 것인지 모르나, 그렇기 때문에 "내부 모순이나 이중 해석의 여지 없는" 하나의 이야기로 정리되기는 더 어렵다.

푸틴은 러시아 역사의 큰 맥락에 완벽히 들어맞는 인물이다. 엄밀히 볼 때 그는 소비에트 인물도, 진정한 포스트 소비에트 인물도 아닌 전환기의 존재이긴 하지만 말이다. 소련이 서구에 뒤처져 무기 경쟁에서 상대가 안 되고 국제적 지위도 취약해졌던 것은 분명한 사실이다. 고르바초프는 소련 연방 현대화 시도에 박차를 가했지만 이는 필연적으로 자유화를 수반했고 불안정 상태가 야기된 끝에 결국 연방 해체에 이르렀다. 푸틴은 이를 "20세기 지정학적 대재난"이라 여기지만 그렇다고 과거의 소련을 회복할 생각은 없다. 옐친이 집권하던 새로운 '동란의 시대'를 거치면서 푸틴은 국내적 나약함이(그리고 이를 조장하는 적대적 외국 세력이) 더 큰 위협이라고 보았기 때문이다. 그리하여 그의 국정운영 방식은 국방과 궤도 로켓, 그리고 해외에서의 무력 충돌에 돈을 쏟아 부으면서도 통치는 극히 보수적인 편이다. 무질서에 분연히 대항했던 니콜라이 1세, 정교의 옛 전통을 회복하려 했던 니콘 총주교, 서구의 기술을 도입해 국가를 무장하고 엘리트층을 통제하면서도 아래로부터의 개혁은 생각지 않았던 표트르 대제와 일맥상통하는 모습이다.

하이퍼텍스트 다시쓰기의 아이러니

글이 자꾸 다시 써지면서 겹쳐진 층은 점점 더 늘어난다. 소비에트 시대에 태어나 성장했을뿐 아니라 사회생활도 1991년 이전에 시작한 푸틴 세대가 아직 사회 지배세력이긴 하지만 새로운 세대들, 고난의 1990년대에 성장했거나 푸틴 집권 이전의 러시아를 성인으로 경험해본 적 없는 세대가 도전장을 내밀고 있다. 감시 받으면서도 활기를 잃지 않는 시민 사회에 참여하고 서구에서 영감과 열정을 발견하는 저항 세력도 있다. 푸틴주의에 세련된 냉소주의를 더해 국제무대의 악동이 된 러시아의 위치를 받아들이고 이를 티셔츠에 표현하는 이들도 있다. "푸틴: 가장 예의바른 사람"이라는 문구는 크림 합병 당시 서구에서 논란이 된 '녹색 군대' 비판을 조롱하는 것이다(크림 합병 작전에는 소속 표시가 없는 녹색 군복 전력이 투입되었다. 이들은 '리틀 그린 맨little green man'이라고도, 또한 지역주민들을 괴롭히지 않는 행동 때문에 '예의바른 사람polite people'이라고도 불렸다. – 옮긴이) "우리를 고립시킨다고? 제발 그렇게 해줘!"라는 문구와 함께 맥도널드 로고, 성소수자 상징, 항의 플래카드 각

각에 붉은색 가위표를 쳐놓은 티셔츠도 있다.

　　이와 함께 상황은 정리되기는커녕 점점 더 복잡해지는 중이다. 북카프카스와 중앙아시아 출신 이슬람교도들이 시민이자 임시 체류 노동자로 유입되면서 모스크바 올림픽 경기장 인근에는 거대한 모스크가 들어섰다. 카프카스 식당, 소련 시절에 지어진 세바스토폴 호텔 건물 안에 아프간 시장이 대규모로 들어서는 등 새로운 변화도 나타났다. 푸틴은 크렘린 바깥에 성 블라디미르(블라디미르 대공)의 거대한 동상을 세웠다. 그러나 블라디미르는 키예프 사람이고 현재의 키예프가 속한 나라 우크라이나는 별개의 독립국일 뿐 아니라 동쪽 아닌 서쪽 지향 성향을 분명히 드러내는 존재라는 점이 문제가 된다. 블라디미르 대공이 아직도 러시아의 문화적 자산일까? 우크라이나의 영웅 볼로디미르인 것은 아닐까? 모스크바 공항에는 성탄 패키지 여행객을 위한 별도의 여권 심사대가 마련되었고 중국어와 영어 안내판이 점점 늘어나고 있다. 러시아 극동지역에는 중국 자본이 쏟아져 들어오면서 도시와 지역 경제를 바꿔놓는 중이다. 어느 러시아 학자는 자기 학생들이 "마음에서 우러나 영어를 배우고 머리로 판단해 중국어를 배운다"고 말하기도 했다.

　　이 모든 영향이 물리적 공간에만 머물지는 않는다. 다시쓰기는 사이버 공간과 연결되어 하이퍼텍스트를 더하는 중이다. 정보와 문화적 영향이 자유롭게 넘나드는 그곳 말이다. 러시아인 네 명 중 세 명이 상시 인터넷을 사용하며 이들의 인터넷 이용 시간은 일반 미국인과 비슷하다. 해외 매체에서 온라인 뉴스를 접하고 해외의 동영상을 시청하며 더욱 중요하게는 국경을 초월해 온라인 커뮤니티를 구성한다. 토론방 참여에서 네트워크 게임 활동에 이르기까지 러시아인들은 이 새로운 가상 유대관계에 적극 참여하고 있다. 그곳에서 러시아인은 말썽꾼이 아니다.

앞선 수많은 러시아 지도자들처럼 푸틴이 '자신의' 러시아를 유럽 및 서구와 대립하는 모습으로 규정할수록 (그리하여 국제 질서부터 사회적 가치에 이르기까지 모든 것에 도전장을 내밀수록) 바깥세상 역시 그와 러시아를 그렇게 규정하게 된다는 점은 역설적이다. 하지만 이는 바이킹 정치 체제를 도입한 후, 영국의 '처녀 여왕' 엘리자베스 1세에게 피 묻은 손을 내밀며 청혼했던 이반 뇌제 이후 거의 모든 러시아 통치자에게 나타나는 바로 그 보편적 현상이다.

더 큰 아이러니는 러시아의 특별함, 역사적으로 세계적 영웅의 역할을 부여받았다는 생각을 뒷받침하기 위해 온갖 신화를 적극 동원하는 푸틴의 노력에 있다. 이를 위해 그는 모스크바의 '제3로마설third Rome'(로마제국과 동로마제국의 뒤를 이어 제3의 로마제국으로서의 러시아 혹은 모스크바를 주장하는 설 – 옮긴이)에서부터 쿨리코보 전투(러시아군이 킵차크한국과 싸워 승리를 거둠으로써 몽골의 지배에서 벗어난 전투 – 옮긴이)에 이르기까지 모든 것을 건드리는 중이다. 하지만 크렘린의 '정치 기술자'들과 거기 동조하는 역사가들이 러시아는 독자적 존재이며, 러시아에 해를 끼치는 유럽의 문화적·지정학적 세력에 대항해야 한다고 주장하면서 푸틴이 주도하는 흐름을 거스르고 있는 상황이다.

여전히 푸틴을 숭배하고 반反서구 문구가 새겨진 티셔츠를 입는 러시아인들조차 열성적으로 영어를 배우고 서구 영화와 TV 프로그램을 시청하며 자국 문화도 그 추세와 같이 가기를 기대한다. 대로 한편으로는 거대한 건물 전면을 다 차지하며 그려진 위대한 러시아 장군들이 보이지만 그 맞은편에는 할리우드 블록버스터, 그것도 다름 아닌 〈캡틴 아메리카〉 영화 개봉 광고가 똑같이 거대하게 서 있는 곳이 바로 러시아다. (이는 내가 직접 목격한 초현실적 풍경이었다.) 모스크바를 생기 넘치는 아름다운 도시로 바꾸기 위해 많은 노력이 기울여졌는데, 상트페테르부르크가 유럽인들 손에 설계되었던 것처럼 여기서도 서구 건축가들이 중요한 역할을 했다. 최고급 쇼핑가인 트베르스카야Tverskaya를 리모델링한 네덜란드 건축팀부터 붉은 광장 바로 옆 자랴지에Zaryadye 공원을 만든 미국의 DS+R 디자인 사무소(뉴욕 하이라인 공원을 설계한 사무소이다)에 이르기까지 러시아의 수도는 마치 유럽 도시처럼 서구인들에 의해 다시 만들어지는 중이다.

공유하는 역사적 경험, 날로 커지는 국가 간 교역, 인터넷과 할리우드 블록버스터, 스페인이나 사이프러스 여행 패키지, 중국의 부상을 둘러싼 공통된 우려 덕분에 러시아는 역사상 그 어느 때보다도 유럽과 가까워졌다. 지도상으로 보자면 유럽은 러시아 영토 중간쯤에 있는 우랄 산맥에서 끝난다. 하지만 유럽 소속이라는 마음은 영토 끝 태평양 항구도시 블라디보스토크까지 이어진다. 설문조사 결과를 보면 "러시아는 유럽이다"라는 말에 대부분 러시아인들이 동의하는데 특히 극동 지역, 아시아가 추상적 개념이 아닌 코앞의 현실인 그곳에서 동의 비율이 가장 높게 나타난다.

러시아는 풍요로운 전통을 지닌 나라, 인적 잠재력이 여전히 거대한 나라이다. TV 뉴스 보도, 즉 시리아 상공을 나는 전투기, 거리의 기동경찰, 최고급 요트 위에 한가롭게 누운 살찐 고양이, 또다시 발톱을 드러내는 국가의 유일한 통치자 푸틴 등으로만 러시아를 파악하는 것은 섣부른 판단이다. 그보다는 훨씬 더 많은 것이 존재한다. 톨스토이와 도스토예프스키, 영화 〈전함 포툠킨〉과 볼쇼이 극장 등 문화적 유산이 풍요롭고, 피비린내 나는 역사 속에도 빛나는 승리와 영웅담, 자비로움이 존재한다. 하지만 이는 과거로부터 미래를 찾는 오래된 러시아 전통의 원재료일 뿐이다.

짧고 굵게 읽는 러시아 역사

자, 그렇다면 새로운 페이지로 넘어가기 전에 다시쓰기는 몇 번이나 반복되며 지워지고 수정될 수 있는 것일까? 마지막으로 마르크스를 인용해 보면 "죽은 세대의 전통은 살아 있는 자들의 마음에 악몽 같은 무게를 지닌다." (필자는 마르크스주의자가 아니지만 그의 발언 중에서 러시아에 딱 들어맞는 것이 얼마나 많은지 놀라울 따름이다.) 악몽에서 깨어나 앞으로 나갈 수 있을 때는 언제일까? 러시아는 역사적 성취의 총합보다 훨씬 더 큰 나라이다. 새로운 세대의 행동가와 기업인, 과학자와 예술가, 사상가와 몽상가들은 과거의 길을 한 번 더 선택하는 대신 새로운 길을 찾으려 애쓰고 있다. 러시아인들이 미래에 원하는 바가 무엇인지 설문조사 해보면 강한 국가 권력이나 안보는 우선순위에서 한참 아래쪽이라는 점도 주목할 필요가 있다. 대신 그들은 풍요로운 삶, 그리고 언론 자유나 결사 및 저항의 자유를 원한다. 부패가 청산되고 사회가 재편될 때 의미 있는 기여를 하고 싶다는 의견도 많다. 서구에서는 당연하게 여겨지는 가치들이다.

여러 세기 동안 유럽의 일원이 되고자 하는 결사적 열망과 홀로 자립하고자 하는 저항심 사이를 오간 끝에 러시아는 이제야 자기 자신이 될 기회를 얻었는지도 모른다. 유럽 연합이 구심점이 되고자 하지만 유럽 자체가 동쪽과 남쪽으로 확장되고 브렉시트까지 일어나는 상황은 하나의 '유럽'이 존재하지 않는다는 인식에 힘을 실어주고 있다. 이것이 바로 '유럽'이 안은 아이러니이다. 스웨덴과 독일의 유럽이 있고 이탈리아와 그리스의 유럽이 있으며 헝가리의 유럽, 발칸의 유럽, 그리고 영국의 유럽이 존재한다. 러시아인들이 스스로와 합의를 이룬다면 러시아를 위한 자리도 남아있을 것이다. 푸틴과 그 지지자들은 스스로와 국민을 반대쪽으로 설득하려 들지 모르지만 현재의 러시아가 계속 유럽화되어 간다는 상황을 부인한다면 이는 그 무엇보다도 큰 거짓일 것이다.

더 읽어볼 자료

크리스티아 프릴랜드Chrystia Freeland가 쓴 《Sale of the Century: The Inside Story of the Second Russian Revolution》(애버커스, 2005)는 1990년대를 당시의 금융 사기까지 포함해 그려낸 책이다. 푸틴을 다룬 책으로는 인간 푸틴을 다룬 피오나 힐과 클리포드 G, 개디 작 《Mr Putin: Operative in the Kremlin》(브루킹스, 2015), 푸틴을 키운 나라에 초점을 맞춘 안나 아루투냔의 《The Putin Mystique》(스카이스크레이퍼, 2014)가 있다. 내가 쓴 책 《We Need to Talk about Putin》(에버리, 2019)는 이 인물에 대한 내 생각을 담은 얇은 책이다. 미하일 지가르의 《All the Kremlin's Men: Inside the Court of Vladimir Putin》(퍼블릭어페어스, 2016)은 새로운 차르 주변 인물들 모두를 탁월하게 분석하는 책이다.

감사의 글

12세기에 걸친 역사를 한 권에 압축해버리는 역사 개관 작업은 어려운 도전이었지만 흥미진진한 프로젝트이기도 했다. 그 과정에서 나는 과감한 단순화와 생략을 감행했고 여러 동료 학자들의 주장과 해석에 기댔다. 출처가 분명한 의견도 있지만 부지불식간에 내 안에 스며들어와 구별이 어려워진 것도 많다. 각 장 뒤의 '더 읽어볼 자료'에서 일부의 이름을 확인할 수 있다. 특별히 언급해야 할 몇 분은 다음과 같다. 우선 내 박사논문 지도교수이자 이후 사려 깊은 선배 학자가 되어준 도미닉 리벤Dominic Lieven 선생님이 있다. 차르 체제와 제국에 대한 선생님의 통찰력은 내 연구에 귀중한 자산이 되어 주었다. 킬Keele 대학의 동료로 공동 수업을 진행한 피터 잭슨Peter Jackson 교수는 루시와 킵차크한국 시대에 대한 내 분석의 토대를 제공했다. 마지막으로 한 번도 만나보지 못했고 2000년에 돌아가신 탓에 영영 만나지 못하게 된 W. 브루스 링컨W. Bruce Lincoln 선생님은 훌륭한 역사책을 멋진 문장으로 쓸 수 있다는 점을 생생하게 보여주는 글들로 깨달음을 주었다. 이밖에도 언급해야 마땅할 분들이 많지만 그러자면 감사의 글이 본문만큼 길어질 탓에 여기서 줄이는 상황에 대해 용서를 빈다.

개인적으로 친밀한 분들 중에는 초고를 읽고 의견을 내준 안나 아루투냔, 다리아 모솔로바, 로버트 오토, 캐서린 윌킨스에게 감사한다. 너그럽게 베풀어준 시간과 고민의 결과물인 이 책에 오류가 있다면 이는 전적으로 나의 책임이다.

열심히 도와준 에버리 출판사의 로빈 드러리와 하노버 스퀘어 프레스의 피터 조셉에게, 그리고 꼼꼼하고 정성스럽게 교열 작업을 해준 하워드 윗슨에게 감사한다.

마지막으로 2018-2019년에 내게 장 모네 기금 지원을 해준 유럽 대학 연구소European University Institute 로버트 슈먼 센터와 브리

짧고 굵게 읽는 러시아 역사

짓 라판 센터장에게 감사를 전하고 싶다. 이 책의 초고는 거기서 만들어졌다. 토스카나 언덕 위의 그곳에서 나는 학자로서 한층 성장할 수 있었다.

짧고 굵게 읽는
러시아의 역사

초판 1쇄 발행 2021년 6월 10일
초판 2쇄 발행 2022년 5월 10일

지은이 마크 갈레오티
옮긴이 이상원
펴낸이 성의현
펴낸곳 (주)미래의창

편집주간 김성옥
교정 및 진행 권서현
디자인 윤일란

출판 신고 2019년 10월 28일 제2019-000291호
주소 서울시 마포구 잔다리로 62-1 미래의창빌딩(서교동 376-15, 5층)
전화 070-8693-1719 **팩스** 0507-1301-1585
홈페이지 www.miraebook.co.kr
ISBN 979-11-91464-19-1 03920

※ 책값은 뒤표지에 있습니다. 잘못된 책은 바꿔 드립니다.